〈시 41:3, 개역개정〉
"여호와께서 그를 병상에서 붙드시고
그가 누워 있을 때마다
그의 병을 고쳐 주시나이다"

육체치유기도

펴낸일: 2025년 10월 20일

지은이: 신현복

발행처: 아침영성지도연구원
등   록: 제2014-000031호
홈페이지: www.ccm2u.com
주문전화: 02) 2203-2739
주문팩스: 02) 6455-2798

저작권자 ⓒ신현복 2025
이 책은 저작권법에 의해 보호를 받는 저작물이므로
저자와 출판사의 허락없이 내용의 일부를 인용하거나
발췌하는 것을 금합니다.

값은 뒷표지에 있습니다.
ISBN 979-11-956213-2-3(03230)

몸이 아픈 당신을 위한 강력한 선포

육체치유기도

신현복

BODY HEALING PRAYERS

아침영성지도연구원

BODY HEALING PRAYERS

by Shin, Hyun-Bok

by Achim Institute for Spiritual Direction
All Right Reserved.

Korean Copyright © 2025

십자가에
달리신 주님을 묵상하며
상처 입은 치유자가 되기를 소원하는

_____ 님께
드립니다.

이 책을 펴내면서

　3년 전, 저는 금요치유기도회를 집례하다가 마지막 부분에서 갑자기 몸에 이상 증세를 느꼈습니다. 말이 어눌해지고, 머리가 빙빙 돌았습니다. 어, 이게 뭐지? 저 스스로도 저를 통제할 수가 없었습니다. 아내가 제단 위로 올라오더니, 제 손을 잡고 부축해서 내려갔습니다. 저는 그렇게 해서 병원을 3곳이나 전전하면서 급하게 뇌종양 수술을 받았습니다. 그것으로 끝이 아니었습니다. 그 뇌종양이 폐암에서 전이되었다는 주치의의 진단을 받고, 임상실험을 시작하게 되었습니다. 지금까지! 하나님의 은혜로! 3주에 한 번씩, 병원을 오가면서 저도 많이 지쳤습니다. 같이 동행해 주는 아내에게도 미안하구요. 그런데 병원에 갈 때마다 제가 느끼는 것이 있습니다. 아마 여러분도 느끼셨을 것입니다. 왜 이렇게 아픈 사람이 많지? 병원은 환자들로 북새통입니다. 부산에서, 목포에서, 저 산골에서, 저 섬에서, 기차를 타고, 비행기를 타고, 버스를 몇 번이나 갈아타고 오셨습니다. 해외에서 오시는 저분들도 있었습니다. 저도 새벽에 가면 자정이 되어 복귀하고 있습니다. 나도 이리 힘든데, 저분들은 얼마나 힘드실까! 어떤 분들은 전날 올라오셔서 병원 옆에 방을 잡고 주무시고 오시는 분들도 있었습니다. 나을 수만 있다면! 그 희망 하나 가지고!
　이처럼 오늘도 이 땅에는 몸과 마음에 상처를 입고 아파하는 이들이 너무 많습니다. 고통의 터널 속에서 영혼의 어두운 밤을 홀로 보내고 있는 그들을 어떻게 진정으로 도울 수 있는 길이 없을까? 그것은 제 목회 여정 동안, 아니 신학을 시작하기 전부터,

줄곧 지녀왔던 물음이었습니다. 그리고 그 구체적인 길이 무엇인지를 찾기 위하여 여러 분야에 걸쳐 많은 연구를 해왔습니다. 현대 심리치료의 발달과 첨단의학의 진보, 신학의 탈현대주의를 목격하면서 많은 도움을 받을 수 있는 길이 열리고 있음을 확인할 수도 있었습니다. 그럼에도 불구하고, 우리 인생은 여전히, 아니 갈수록 더, 고난의 현실 앞에서 영성적인 물음을 던지고, 그 대답 또한 영성적으로 주어지기를 갈망하고 있다는 현실 앞에, 저는 솔직한 고민을 하지 않을 수 없었습니다. 고난이란 무엇인가? 이 고통에 대한 하나님의 뜻은 무엇인가? 이 아픔의 의미를 어떻게 받아들여야 한단 말인가? 왜 하필이면 나란 말인가? 그리고 수많은 길을 돌고 돌아, 저는 마침내 그 궁극적인 치유의 길도 하나님께만 있음을 고백하지 않을 수 없었습니다. 제가 이 책에서 치유기도에 희망을 걸고 목말라하는 이유도 바로 여기에 있습니다.

　이 치유기도들은 제가 암 치유 과정을 지나면서 너무너무 절박한 심정으로 하나님께 올려드린 기도문들입니다. 여러분도 금방 느끼실 수 있을 것입니다. 머릿속에서 생각해서 드린 수려한 기도들이 아니니, 다소 투박할 수도 있습니다. 양해를 바랍니다. 절박하니, 다른 것은 아무것도 중요하지 않았습니다. 아무튼 이심전심, 지금 아파하는 여러분에게도 최적의 도움이 되시기를 바랍니다. 또 일부는 미국 플로리다에 있는 크리스천치유교역연구소를 방문해서 치유세미나에 참석하며 모은 자료들을 한국 상황에 맞게 번역해 본 것입니다. 실제로, 저는 오래전에 크리스천치유교역연구소를 설립하신 프랜시스 맥너트의 〈치유의 신학〉과 〈치유의 영성〉을 번역한 적이 있습니다. 그런데 제가 암 진단을 받고, 정말 마지막이다 싶어, 이 세상과 작별여행이라도 하는 마음으로, 무작정 미국행 비행기를 타고 찾아갔던 곳이 바로 그곳이었습니다. 그분은 이미 하나님 품에 안기셨고, 그 아내 주디스 맥너트가 우리 부부를 따뜻하게 환대해 주셨습니다. 내가 번역한 책을 드리고 싶어서 이렇게 찾아왔다고 말씀드리니, 간절하게 모두가 저희 부부를 위하여 눈물로 기도를 해주셨습니다. 그리고 그곳에서 치유기도와 치유교역에 관하여 많은 것에 새롭게 눈을 떴습니다. 정말 기적 같은 치유여행이었습니다.

또 여기에 나오는 치유기도들은 아침영성지도연구원에서 판권을 받아 번역했거나 연구하고 있는 여러 가지 책들에서 발췌한 것들도 있음을 진실하게 밝힙니다. 그런데 아쉽게도 시간이 너무 오래되어, 정확한 저자가 누구였는지 또는 어디서 그 기도문들을 발견하고 스크랩해 두었는지 확실치 않은 것들이 좀 있었습니다. 또 역사 오랜 매우 고전적인 그리스도교 기도문들은 외국 기도서들에서도 그 출처를 찾기 어려운 경우가 있었습니다. 그러다 보니, 어느 것은 밝히고 어느 것은 밝히지 않는 게 일관성이 없어 보여, 아쉽지만 최종 편집 과정에서 모두 삭제하는 것으로 논의했습니다. 나중에 치유예식서가 나올 텐데, 거기에는 정확한 출처를 힘닿는 대로 더 찾아 밝히도록 하겠습니다. 이번에는 그 근거를 제대로 밝히지 못해서 너무나 죄송합니다. 하지만 몸과 마음과 영과 혼이 너무 아파, 당장 치유기도를 갈급해 하시는 분들을 최우선으로 생각하면서 안타까운 마음으로 실은 것이니, 혹 아쉬움이 보이시더라도 널리 양해해 주시면 감사하겠습니다. 어떻든 이 책으로 한 생명이라도 더 살릴 수 있었으면 좋겠습니다.

한글성경은 한국교회 일치를 위하여 개역개정판을 사용하였습니다. 상황에 따라서는 새번역이나 쉬운 성경이나 현대어 성경이나 현대인의 성경 등 다양한 번역판을 소개해 드렸습니다. 한국교회 기도문들 안에서 혼용되고 있는 '당신'이나 '우리'라는 표

현은, 될 수 있는 대로 문법과 예법을 갖추어, '주님' 또는 '저희'로 통일시켜 보았습니다. 그러나 꼭 원문 그대로 살려야 될 경우에는, 그대로 두어 그 맛을 제대로 느낄 수 있도록 해드렸습니다. 또 각 기도문은 읽는 이들이 어느 자리 어느 상황에서든 곧바로 살려 쓸 수 있도록 완벽한 기도 틀을 갖추도록 다듬었습니다. 첫 부분에 성호를 부르는 것이나, 끝부분에 "예수님의 이름으로 치유기도 드립니다. 아멘."으로 마치게 한 것도 그런 배려 때문입니다. 그런 것까지도 제대로 실어드리지 않으면, 기도를 너무 어렵게 생각하는 분들이 있기에 그렇게 했음을 이해해 주십시오. 물론 지적인 기도로 끝나지 않고, 우리 부모님들까지도 그대로 활용이 가능하시도록 최대한 쉽게 쓰려고 노력해 보았습니다.

하나님의 나라는 말에 있지 않고 오직 능력에 있다고 하셨는데(고린도전서 4:20), 정말 중요한 것은 이제부터 여러분이 이 치유기도들을 사용하시면서, 여러분의 직접적인 호소와 부르짖음이 되어, 치유의 능력을 체험하시는 것이라고 생각합니다. 그래야 아픔의 터널을 지나고 있는 제 노력이 여러분에게 조금이라도 더 도움이 될 것이라고 확신합니다. 그것이 저를 살려주신 하나님의 뜻이요, 제 남은 소명이라고 확신합니다. 꼭 그런 놀라운 치유의 역사를 맛보시기를 기도하고 기대하고 기다립니다. 자, 그럼, 이제부터 상처 입은 치유자, 예수 그리스도의 치유하시는 능력을 체험해 보시지 않겠습니까? 저와 함께! 주님과 함께!

신현복 드림

차 례

이 책을 펴내면서·6

① 간경화 치유기도·18
간병하는 사람들을 위하여 드리는 치유기도·19
간증을 통한 치유기도·20
간호사를 생각하며 드리는 치유기도·21
감기 전염병 치유기도·22
갑상선 저하증, 갑상선 항진증 치유기도·24
건강의 회복을 위하여 드리는 치유기도·25
고관절, 엉덩이, 정강이, 종아리, 다리 치유기도·26
고지혈증 치유기도·27
고통 때문에 말문도 막혀 버렸을 때 드리는 치유기도·28
골절 치유기도·29
공격적인 믿음이 필요할 때 드리는 치유기도·30
과식, 다이어트, 식이요법, 폭식증, 거식증 치유기도·31
교통사고, 교통사고후유증, 교통사고 합의 치유기도·32
구토, 메스꺼움, 구역질 치유기도·33
근골격계 치유기도·34
근육질병 치유기도·35
기적을 행할 주님의 제자들을 보내 주시기를 간구하는 치유기도·36
나는 이미 나았다는 확신이 드는 치유기도·37
나를 다시 창조하시는 분께 드리는 치유기도·38
나를 위해 기도하는 분들을 생각하며 드리는 치유기도·39
나을 것을 확신하며 드리는 치유기도·40
낫기 위하여 미리 주님을 송축하는 치유기도·41
내 고통이 쓸모없는 것이 되지 않게 간구하는 치유기도·42
내 병을 몸소 짊어지신 예수님께 바치는 치유기도·43

내 아픈 생명을 반드시 살리는 치유기도·44
내 폐암이 이미 완치되었음을 간증하는 치유기도·46
내장질환 치유기도·48
너무도 사랑스러운 누군가가 아플 때 드리는 치유기도·49
녹내장 치유기도·50
뇌전증 치유기도·51
뇌졸중 치유기도·52
뇌종양 치유기도·53
담당 의사를 생각하며 드리는 치유기도·55
당뇨병, 당뇨합병증, 혈당, 콜레스테롤, 췌장, 인슐린 치유기도·56
대상포진 치유기도·57
독감 치유기도·58
동맥경화 치유기도·59
두통 치유기도·60
등, 등뼈, 굽은 등 치유기도·61

②
루게릭 치유기도·64
루푸스 치유기도·65
류마티스 관절염 치유기도·66
마약중독, 약물중독 치유기도·68
만성 소화장애 치유기도·69
만성 통증 치유기도·70
만성 통증을 느낄 때 드리는 치유기도·71
만성질환 치유기도·72
만성피로 치유기도·73
말씀이 들어가 이미 완치되었음을 선포하는 치유기도·74
면역력 치유기도·76
목디스크 치유기도·77
믿음대로 담대히 말하는 치유기도·78

믿음으로 암을 옮기는 치유기도·79
바이러스 전염병 치유기도·80
백내장 치유기도·81
병상에 누워 있을 때 드리는 치유기도·82
병상에 누워서 자꾸 잠이 올 때 드리는 치유기도·83
병상에서 일어나게 해주시기를 간구하는 치유기도·84
병원 오가는 게 너무 피곤할 때 드리는 치유기도·85
병원 입원 치유기도·87
병원에 갈 때 드리는 치유기도·88
병원에서 두려움과 걱정과 소망을 모두 하나님께 맡기는 치유기도·89
병원에서 드리는 치유기도·90
병원을 생각하며 드리는 치유기도·91
병원을 섬기는 사람들을 생각하며 드리는 치유기도·92
볼 수 없고 들을 수 없는 장애인들을 위하여 드리는 치유기도·93
부상을 입었을 때 드리는 치유기도·94
부정적인 현대의학 이론을 무너뜨리는 치유기도·95
부종, 수종병 치유기도·96
불면증 치유기도·97
불치병 치유기도·98
비만 치유기도·99
빈혈, 어지러움 치유기도·101
뼈, 관절, 골수, 골다공증 치유기도·102

③

사랑하는 누군가가 아플 때 드리는 치유기도·106
사랑하는 누군가를 어루만져 주시기를 간구하는 치유기도·107
생명 연장이 주님의 뜻임을 믿으며 온전히 주님께 맡기는 치유기도·108
생명을 선물로 주시는 주님께 드리는 치유기도·109
선포를 통한 치유기도·110
성경 말씀을 통한 치유기도·121

성경의 약속을 통한 치유기도·122
성령님이 내 아픈 몸을 다시 살리실 것을 믿는 치유기도·123
성만찬예식을 통한 치유기도·124
셀리악병 치유기도·125
소화기계통 치유기도·126
손, 발, 손목, 발목, 손가락, 발가락 치유기도·127
수면장애 치유기도·129
수술 전 치유기도·130
수술 후 치유기도·131
수술을 마치고 나서 드리는 치유기도·132
수술을 앞두고 드리는 치유기도·133
시각화 묵상을 통하여 완치를 확신하는 치유기도·134
시련과 질병으로 괴로울 때도 감사를 드리는 치유기도·137
식습관에 문제가 생겼을 때 드리는 치유기도·138
신경증 치유기도·139
신경퇴행성 질환 치유기도·140
신장병 치유기도·141
신장염, 신장결석, 크레아틴 수치 치유기도·142
심근경색, 협심증, 뇌경색, 뇌출혈 치유기도·143
심뇌혈관 치유기도·144
심장병 치유기도·146
아이의 병상에서 드리는 치유기도·147
아파하는 사람들을 위하여 드리는 치유기도·148
아픈 곳마다 안수하시는 주님의 손길을 느끼며 드리는 치유기도·149
아픈 몸에 생기를 불어넣는 치유기도·150
아픈 아이들을 위하여 드리는 치유기도·152
아플 때 인내를 발휘하며 드리는 치유기도·153
악몽 치유기도·154
안과, 비문증, 시력저하, 안구건조증 치유기도·155

안수를 위하여 드리는 치유기도·153

안수를 통한 점진적인 치유기도·157

안수와 기름 부음을 위하여 드리는 치유기도·158

안수할 때 드리는 치유기도·159

알레르기비염, 천식 치유기도·160

알츠하이머 치유기도·161

암 치유기도·162

암 치유를 위하여 담대히 명령하는 치유기도·171

암 치유를 위하여 악한 영을 축출하는 치유기도·173

암 치유를 위하여 올바른 믿음을 지니는 치유기도·177

암 치유를 위하여 잘못된 믿음을 교정하는 치유기도·179

암이 이미 완치되었음을 선포하는 치유기도·181

약 복용 치유기도·183

약을 먹을 때 드리는 치유기도·184

어깨수술 전 치유기도·185

어깨수술 후 치유기도·187

어깨통증 치유기도·189

여성질환 치유기도·190

염증 치유기도·192

예수님이 내 암도 치유하실 것을 믿으며 드리는 치유기도·193

올해가 질병에서 고침받는 은혜의 해가 되기를 소망하는 치유기도·194

완치를 위한 치유기도·195

완치와 기적을 미리 선포하는 치유기도·196

완치와 치유를 미리 선포하는 강력한 치유기도·198

운동부족 치유기도·200

위대한 의사이신 주님께 내 병을 맡기며 드리는 치유기도·201

위장장애, 위염, 장염, 역류성 식도염 치유기도·202

육체를 위한 치유기도·203

의사 선생님을 생각하며 드리는 치유기도·207

의사가 무슨 말을 했더라도 생명을 택하는 치유기도·208
의사가 흉한 말을 했을 때 드리는 치유기도·209
의사들을 위하여 드리는 치유기도·210
의사보다 크신 하나님께 더 가까이 나아가는 치유기도·211
의사보다 하나님을 더 신뢰하는 치유기도·212
의사에게 충격적인 진단을 들었을 때 드리는 치유기도·213
이렇게 병들게 하심도 감사하다고 느껴질 때 드리는 치유기도·214
이미 나았음을 확신하는 치유기도·215
이미 완치되었음을 선포하는 치유기도·216
이비인후과 치유기도·217
인대, 부상 치유기도·218

④

자가면역질환 치유기도·220
잠이 잘 안 올 때 드리는 치유기도·221
장기, 신경, 세포 치유기도·222
장애인들을 위하여 드리는 치유기도·223
재발과 내성과 전이를 이겨내고 완치에 이르는 치유기도·224
전립선 치유기도·226
종기 치유기도·227
주사 치유기도·228
쥐, 마비 치유기도·229
지방간 치유기도·230
질병을 앓을 때 드리는 치유기도·231
질병의 통계수치에 속지 않는 치유기도·232
척추, 허리, 디스크 치유기도·234
척추측만증 치유기도·235
천사를 보내셔서 도와주시라고 간구하는 치유기도·236
청각 장애, 귀, 이명, 귓속 상처, 난청 치유기도·237
청각장애인들을 위하여 드리는 치유기도·238

축복받은 요소들을 통한 치유기도·239
치과, 사랑니, 스케일링, 임플란트 치유기도·240
치료에 지칠 때 드리는 치유기도·241
치매 치유기도·242
치유가 장기화될 때 드리는 치유기도·243
치유하시는 불꽃을 고대할 때 드리는 치유기도·244
치질 치유기도·245
통증 치유기도·246
통증과 고통 때문에 짜증이 날 때 드리는 치유기도·247
파킨슨 치유기도·248
폐암 4기, 뇌종양 수술 후 완치를 위한 치유기도·249
피부, 발진, 여드름, 피부건조증, 아토피피부염 치유기도·252
피부병, 옴, 흑색종, 색점 치유기도·253
하늘의 약으로 기적적인 치유를 바라는 치유기도·254
항암 부작용 치유기도·255
항암 전인치료 치유기도·256
항암 치유기도·271
향후 어떻게 할 것인가를 주님께 아뢰는 치유기도·278
혈관, 혈류, 혈압, 고혈압, 저혈압 치유기도·280
호스피스, 완화치료 치유기도·281
환자를 돌보는 사람들을 위하여 드리는 치유기도·282
환자를 치료할 때 드리는 치유기도·283
황반변성 치유기도·284

①

간경화 치유기도

생명의 의사이시며, 모든 것을 소생시키는 주님,
병든 간의 깊은 탄식을 주님께 올려드립니다. 무너져 가는 생명의 샘처럼, 메마른 땅에 갈라진 밭처럼 고통스러워하는 육신을 불쌍히 여겨 주옵소서. 주님의 치유하시는 빛을 비추시어, 병든 간의 모든 세포를 새롭게 하여 주옵소서. 생수의 강물을 부어 깨끗하게 하시는 주님의 능력으로, 무너진 자리가 다시 온전하게 돋아나게 하옵소서. 푸른 잎사귀처럼 소생하는 힘을 허락하여 주옵소서. 이 모든 아픔과 고통을 주님의 따스한 품에 맡겨드립니다. 오직 주님만이 생명을 살리시고 온전케 하실 수 있음을 믿습니다. 주님의 뜻 안에서 완전한 치유와 회복을 보게 하옵소서. 제 몸과 영혼을 붙드시는 주님께 감사드리며 예수 그리스도의 이름으로 치유기도 드립니다. 아멘.

〈출 15:26, 개역개정〉 "이르시되 너희가 너희 하나님 나 여호와의 말을 들어 순종하고 내가 보기에 의를 행하며 내 계명에 귀를 기울이며 내 모든 규례를 지키면 내가 애굽 사람에게 내린 모든 질병 중 하나도 너희에게 내리지 아니하리니 나는 너희를 치료하는 여호와임이라"

간병하는 사람들을 위하여 드리는 치유기도

주님,
병든 부모나 병든 배우자 또는 병든 자녀를 간호하고 있는 사람들을 위해 기도합니다. 질병 때문에 생명이 위협받는 곳에서 간호를 담당하고 있는 이들에게 평온함과 지혜를 부어 주옵소서. 평생토록 돌봐주어야 한다는 사실을 잘 알면서 만성질환자들을 간호하고 있는 사람들을 위해 기도합니다. 그들이 고된 임무와 부족한 수면시간에도 불구하고 환자들을 대할 때 인내와 끈기와 관대함을 발휘할 수 있도록 도와주옵소서. 아버지와 같은 사랑으로 그들을 돌봐주시고, 그들이 사랑과 친절을 유지할 수 있을 만한 힘을 얻도록, 그들의 필요를 채워 주옵소서. 우리 주 예수 그리스도의 이름으로 치유기도 드립니다. 아멘.

〈눅 9:11, 개역개정〉 "무리가 알고 따라왔거늘 예수께서 그들을 영접하사 하나님 나라의 일을 이야기하시며 병 고칠 자들은 고치시더라"

간증을 통한 치유기도

주님,
암이라는 의사의 말을 들었을 때 이게 뭐지 싶었습니다. 한참 멍했습니다. 그러나 제 몸은 알았던지, 병원을 빠져나올 때, 제 다리는 갑자기 후들거렸습니다. 도저히 중심을 잡을 수 없어, 그 자리에 풀썩 주저앉고 말았습니다. 그리고 지금까지 주님께서는 저를 살려주셨습니다. 1달이면 사망이라고 했는데, 살아도 얼마 가지 못한다고 했는데, 지금까지 주님께서 저를 붙잡아 주셨습니다. 주님, 주님의 뜻은 어디에 있으신지요? 저를 이렇게까지 살려주신 이유가 무엇이신지요? 암에 눌리지 않고 암을 이겨내어 툴툴털고 일어나서 주님께서 나를 살려주셨다, 세상 열방을 다니며 간증하게 하시려는 뜻 아니신지요? 주님, 어린 양 예수 그리스도의 피와 제가 증언하는 간증으로써 마귀를 이겨내게 하옵소서. 저를 통하여 주님 살아 계심을 드러내시옵소서. 저를 통하여 아픔을 겪고 있는 이들에게 단단한 한 줌 희망이 되게 하옵소서. 예수님의 이름으로 치유기도 드립니다. 아멘.

〈계 12:11, 개역개정〉 "또 우리 형제들이 어린 양의 피와 자기들이 증언하는 말씀으로써 그를 이겼으니 그들은 죽기까지 자기들의 생명을 아끼지 아니하였도다"

간호사를 생각하며 드리는 치유기도

주님,
제 간호사 때문에 주님께 감사를 드립니다.
그들은 그 많은 일을 하면서도
결코 짜증을 내거나
신경질을 부리지 않는 것 같습니다.
아버지,
그들이 맡은 임무를 다할 수 있도록 힘을 주시고,
주님의 사랑 많으신 돌봄으로
그들을 축복하여 주옵소서.
그들 스스로가
주님께서 사랑하시는
종이라는 사실을 깨닫게 하옵소서.
예수님의 이름으로 치유기도 드립니다. 아멘.

〈고전 12:28, 개역개정〉 "하나님이 교회 중에 몇을 세우셨으니 첫째는 사도요 둘째는 선지자요 셋째는 교사요 그 다음은 능력을 행하는 자요 그 다음은 병 고치는 은사와 서로 돕는 것과 다스리는 것과 각종 방언을 말하는 것이라"

감기 전염병 치유기도

주님,
밤의 장막이 드리우고, 고통의 그림자가 짙어질 때, 제 영혼은 주님을 향해 흐느낍니다. 상한 갈대 같은 이 몸을, 주여, 기억하여 주옵소서. 뜨거운 숨결 속에서, 시린 통증 속에서, 꺼이꺼이, 꺼이꺼이, 주님의 이름을 부릅니다.

감기 바이러스의 차가운 손이 제 몸을 휘감을 때, 주님, 주님의 따스한 빛으로 모든 어둠을 몰아내 주옵소서. 아픈 곳마다 주님의 손이 닿게 하시고, 눈물 흘리는 곳마다 주님의 은혜가 스며들게 하옵소서.

예수 그리스도의 보혈로 모든 병마는 물러가고 새로운 생명이 돋아날지어다. 상한 갈대가 다시 푸르러지듯, 꺼져가는 심지가 다시 타오르듯, 내 몸과 마음이 다시 온전히 회복될지어다. 저를 괴롭히는 감기의 모든 증상은 예수님의 이름으로 사라질지어다.

감기를 일으키는 모든 바이러스는 예수님의 이름으로 소멸될지어다. 내 몸의 면역 체계는 정상적으로 회복되어, 감기로부터 온전히 자유로워질지어다. 열은 내리고, 기침은 멎으며, 콧물과 몸살 기운은 완전히 사라질지어다. 칼칼한 목도 정상화될지어다. 가래도 깨끗해질지어다. 먹는 약도 효험이 적중할지어다.

주님, 제 마음속에 있는 모든 불안과 짜증을 거두어 주시고, 주님께서 주시는 참된 평강으로 채워 주옵소서. 질병의 고통 속에서도 주님께서 저와 함께하심을 믿고 감사하며, 온전하게 회복되어 주님의 일을 감당하게 하옵소서.

주님, 주님께서 채찍에 맞으심으로 저희가 나음을 얻었으니, 제 몸도 완벽하게 치유될 것을 믿고 선포합니다. 믿음의 눈으로, 이미 치유된 제 모습을 보게 하옵소서. 주님의 온전한 사랑 안에서 저는 다시 일어설 것입니다. 저를 치료하시는 예수 그리스도의 이름으로 치유기도 드립니다. 아멘.

〈시 41:3, 개역개정〉 "여호와께서 그를 병상에서 붙드시고 그가 누워 있을 때마다 그의 병을 고쳐 주시나이다"

갑상선 저하증, 갑상선 항진증 치유기도

주님,
지금 이 순간, 제 몸의 작은 등불과 같은 갑상선을 주님께 올려드립니다. 생명의 리듬을 조율하는 이 작은 기관이 균형을 잃고 힘들어하고 있습니다. 치유하시는 여호와여, 제 갑상선에 임하셔서 그 기능을 온전히 회복시켜 주옵소서. 기능이 저하되었든지 항진되었든지, 완전한 균형과 정상적인 활동으로 돌아가게 하옵소서. 몸의 모든 신진대사가 제자리를 찾게 하시고, 피로와 무기력은 사라지며, 불안과 초조함은 잠잠하게 하옵소서. 주님의 평강으로 제 몸과 마음을 다스려 주옵소서. 주님, 주님의 말씀은 살아 있어, 제 모든 세포와 기관에 질서를 회복시키는 온전한 능력을 지녔음을 믿습니다. 주님의 선포가 제 갑상선에 임하여, 비정상적인 모든 기능은 정상으로 돌아오고, 흐트러진 모든 균형은 온전히 회복될지어다. 예수님께서 채찍에 맞으심으로 이미 제 갑상선이 치유되었음을 믿음으로 선포합니다. 두려움과 염려는 빛을 잃고 사라지고, 주님께서 주시는 평안과 건강이 제 몸을 가득 채우게 하옵소서. 새로운 힘과 활력을 얻어, 남은 삶, 주님을 기쁘게 해드리는 삶을 살게 하실 것을 믿습니다. 예수 그리스도의 이름으로 치유기도 드립니다. 아멘.

〈빌 4:6-7, 개역개정〉 "아무 것도 염려하지 말고 다만 모든 일에 기도와 간구로, 너희 구할 것을 감사함으로 하나님께 아뢰라 (7) 그리하면 모든 지각에 뛰어난 하나님의 평강이 그리스도 예수 안에서 너희 마음과 생각을 지키시리라"

건강의 회복을 위하여 드리는 치유기도

주님,
제 회복을 위해 사용되는 모든 수단을 축복하시고,
주님이 원하시는 시간에 제 건강을 회복시켜 주옵소서.
하지만 주님께서 다른 길을 정하셨다면,
그대로 이루어지게 하옵소서.
제가 세상 것들을 더 이상 사랑하지 않게 하시고,
하늘을 향한 강렬한 소망으로 저를 채워 주옵소서.
주님께서 원하신다면,
저를 주님의 뜻에 합당하게 하시고,
말할 수 없는 기쁨과 충만한 영광으로 저를 인도하옵소서.
나의 구원자이신 주님의 독생자
예수님의 이름으로 치유기도 드립니다. 아멘.

〈막 1:34, 개역개정〉 "예수께서 각종 병이 든 많은 사람을 고치시며 많은 귀신을 내쫓으시되 귀신이 자기를 알므로 그 말하는 것을 허락하지 아니하시니라"

고관절, 엉덩이, 정강이, 종아리, 다리 치유기도

주님,
지금 저는 고관절과 엉덩이, 정강이와 종아리, 제 다리에 드리워진 깊은 고통과 연약함 때문에 주님 앞에 섭니다. 걷는 기쁨을 앗아간 통증의 무게, 삶의 길을 막아선 고통의 그림자를 주님께 내려놓습니다. 남몰래 삭히던 좌절감과 염려의 그림자를 주님의 빛으로 물리쳐 주옵소서. 주 예수 그리스도의 이름으로 선포합니다. 고관절과 엉덩이, 정강이와 종아리, 제 다리에 자리 잡은 모든 통증과 염증은 완전히 사라질지어다! 굳어진 관절과 연약해진 근육은 주님의 보혈 아래 온전한 힘을 되찾을지어다! 제 모든 움직임에 자유와 활력이 임할지어다! 성령의 능력으로 제 몸의 뼈, 근육, 관절은 태초의 건강하고 유연한 상태로 지금 즉시 회복될지어다! 이제 저는 고통 없는 몸으로, 주님이 주신 길을 힘차게 걸어가며, 든든히 서게 될 것을 믿습니다. 제 회복된 건강이 주님의 살아 계심을 간증하는 아름다운 노래가 되게 하옵소서. 예수 그리스도의 이름으로 치유기도 드립니다. 아멘.

〈행 3:6-8, 쉬운말〉 "그때 베드로가 그 사람에게 말했다. "은이나 금은 내게 없지만, 내가 가진 것을 당신에게 주겠소. 곧 나사렛 예수 그리스도의 이름으로 명하니, 일어나 걸으시오!" (7) 그러면서 베드로는 그 앉은뱅이의 오른손을 붙잡아 힘껏 일으켰다. 그러자 앉은뱅이는 즉시로 다리와 발목에 힘이 생겨, (8) 벌떡 일어나더니 걷기 시작했다. 그 사람은 신기한 듯 걸어 보기도 하고 껑충껑충 뛰어 보기도 하더니, 하나님을 찬양하면서 두 사도와 함께 성전 안으로 들어갔다."

고지혈증 치유기도

온전하게 하시는 하나님 아버지,
고지혈증으로 고통받는 저를 주님의 치유하시는 손길 아래 올려드립니다. 혈액 속에 과도하게 쌓인 지방으로 제 건강이 위협받고 있습니다. 주님께서 이 모든 것을 긍휼히 여겨 주옵소서. 예수 그리스도의 치유하시는 능력으로 제 몸의 혈액을 깨끗하게 해주옵소서. 예수님의 이름으로 명령하노니, 콜레스테롤과 중성지방 수치가 정상으로 돌아올지어다. 혈관을 막는 모든 노폐물들이 사라질지어다. 심장과 혈관이 건강하게 제 기능을 회복하게 될지어다. 더 이상의 합병증이 생기지 않을지어다. 또한 고지혈증의 원인이 되는 잘못된 식습관과 생활 습관을 개선할 수 있는 지혜와 절제력을 주옵소서. 건강한 음식을 선택하고, 규칙적인 운동을 실천하여 주님께서 주신 몸을 소중히 관리하게 하옵소서. 이 모든 과정을 주관하실 주님을 신뢰하며 감사드립니다. 예수 그리스도의 이름으로 치유기도 드립니다. 아멘.

〈빌 4:6-7, 개역개정〉 "아무 것도 염려하지 말고 다만 모든 일에 기도와 간구로, 너희 구할 것을 감사함으로 하나님께 아뢰라 (7) 그리하면 모든 지각에 뛰어난 하나님의 평강이 그리스도 예수 안에서 너희 마음과 생각을 지키시리라"

고통 때문에 말문도 막혀 버렸을 때 드리는 치유기도

그리스도여,
저에게 힘을 주옵소서.
제 건강이 좋지 않습니다.
고통 때문에,
주님을 찬양하던 입술도 잠잠해져 버렸고,
말문도 막혀 버렸습니다.
주님을 찬양할 수 없는 게 견딜 수 없습니다.
저를 다시 건강하게 해주시고,
온전하게 하시어,
다시 주님의 위대하심을 선포하게 해주옵소서.
저를 버리지 마옵소서.
제발 비오니,
이제 다시 일어나
주님을 섬기게 해주옵소서.
예수님의 이름으로 치유기도 드립니다. 아멘.

〈고후 1:5, 개역개정〉 "그리스도의 고난이 우리에게 넘친 것 같이 우리가 받는 위로도 그리스도로 말미암아 넘치는도다"

골절 치유기도

주님,
지금 저는 부러진 뼈와 손상된 조직으로 고통받고 있는 이 몸의 연약함을 주님 앞에 내려놓습니다. 주님께서 채찍에 맞으심으로 제 모든 질병이 나음을 얻었음을 믿습니다. 예수 그리스도의 이름으로 명하노니, 골절된 뼈에 자리 잡은 모든 통증의 영은 즉시 떠나갈지어다! 염증과 부음은 완전히 소멸될지어다! 나사렛 예수의 이름으로 선포합니다. 부러진 뼈마디는 지금 즉시 다시 붙어 온전하게 될지어다! 찢어진 인대와 손상된 근육은 깨끗하게 회복될지어다! 멈추었던 신경과 혈관은 다시 생명력을 얻어 온전히 제 기능을 할지어다! 다시 한번 예수 그리스도의 이름으로 명하노니, 골절된 부위는 단단하게 결합되어 이전보다 더 강한 힘을 얻을지어다! 주님께서 주시는 온전한 치유가 이 몸에 임할지어다! 이제 저는 고통 없는 몸으로, 힘찬 걸음을 내딛으며 주님의 살아 계심을 간증하는 삶을 살아가게 될 것을 믿습니다. 예수님의 이름으로 선포하며, 치유기도 드립니다. 아멘.

〈시 147:3, 개역개정〉 "상심한 자들을 고치시며 그들의 상처를 싸매시는도다"

공격적인 믿음이 필요할 때 드리는 치유기도

주님,
맹인 두 사람이 소리 질렀지요? 주여, 우리를 불쌍히 여기소서, 다윗의 자손이여! 그때 무리가 꾸짖었지요? 잠잠하라! 그러나 맹인들은 이에 질세라 더욱 소리 질렀지요? 주여, 우리를 불쌍히 여기소서, 다윗의 자손이여! 그때 주님께서 머물러 서서 그 맹인들을 불러 이르셨지요? 너희에게 무엇을 하여 주기를 원하느냐? 맹인들이 주님께 말씀드렸지요? 주여, 우리의 눈 뜨기를 원하나이다! 그때 주님께서 불쌍히 여기사 그 맹인들의 눈을 만지셨지요? 그랬더니, 곧 보게 되어, 그 맹인들이 주님을 따랐지요? 주님, 저에게도 그런 공격적인 믿음을 주옵소서. 반드시 낫게 해주실 줄 믿습니다. 아니, 이미 저는 다 나았습니다. 믿음대로 될지어다! 예수님의 이름으로 치유기도 드립니다. 아멘.

〈마 20:30-34, 개역개정〉 "맹인 두 사람이 길 가에 앉았다가 예수께서 지나가신다 함을 듣고 소리 질러 이르되 주여 우리를 불쌍히 여기소서 다윗의 자손이여 하니 (31) 무리가 꾸짖어 잠잠하라 하되 더욱 소리 질러 이르되 주여 우리를 불쌍히 여기소서 다윗의 자손이여 하는지라 (32) 예수께서 머물러 서서 그들을 불러 이르시되 너희에게 무엇을 하여 주기를 원하느냐 (33) 이르되 주여 우리의 눈 뜨기를 원하나이다 (34) 예수께서 불쌍히 여기사 그들의 눈을 만지시니 곧 보게 되어 그들이 예수를 따르니라"

과식, 다이어트, 식이요법, 폭식증, 거식증 치유기도

모든 것을 질서 있게 창조하신 하나님,
제 마음과 몸의 가장 깊은 곳에서 주님의 이름을 찬양합니다. 지금 저는 제 몸을 향한 잘못된 욕망과 고통으로 주님 앞에 섭니다. 과식과 폭식의 늪에 빠져 스스로를 무너뜨리는 어둠, 극단적인 식이요법과 거식증으로 상처 입은 몸과 마음을 주님께 내려놓습니다. 제 몸을 향한 왜곡된 시선과 왜곡된 욕망의 그림자를 주님의 빛으로 물리쳐 주옵소서. 주 예수 그리스도의 이름으로 선포합니다. 과식과 폭식의 영은 완전히 묶임을 받고 떠나갈지어다! 거식증과 식이장애의 모든 사슬은 주님의 보혈 아래 완전히 끊어질지어다! 제 마음의 불안과 두려움은 온전한 평강을 되찾을지어다! 성령의 능력으로 제 몸과 마음과 영혼은 태초의 건강하고 온전한 상태로 지금 즉시 회복될지어다! 음식은 감사와 기쁨의 양식이 되고, 균형 잡힌 몸과 마음으로 주님의 영광을 위해 살아가게 하옵소서. 제 회복된 건강과 평안이 주님의 살아 계심을 간증하는 아름다운 노래가 되게 하옵소서. 예수 그리스도의 이름으로 치유기도 드립니다. 아멘.

〈갈 5:22-23, 개역개정〉 "오직 성령의 열매는 사랑과 희락과 화평과 오래 참음과 자비와 양선과 충성과 (23) 온유와 절제니 이같은 것을 금지할 법이 없느니라"

교통사고, 교통사고후유증, 교통사고 합의 치유기도

주님,
예기치 않은 사고 속에서도 천사를 급파하시어 생명을 지켜 주신 주님께 감사와 찬양을 올려드립니다. 비오니, 순간의 충격으로 무너진 제 육신의 고통과, 삶의 질서가 깨지고 드리워진 후유증의 그림자를 치유하여 주옵소서. 제 마음 깊은 곳에 남은 두려움과 불안, 그리고 복잡한 합의 과정의 막막함을 주님께 내려놓사오니, 주여, 저를 지켜 주옵소서. 이 시간, 주 예수 그리스도의 이름으로 명령하노니, 교통사고로 생긴 모든 고통과 상처는 주님의 보혈 아래 완전히 치유될지어다! 몸을 짓누르는 후유증의 그림자는 완전히 소멸될지어다! 마음에 드리워진 불안과 두려움의 영은 완전히 묶임을 받고 떠나갈지어다! 성령의 능력으로 제 몸의 부서진 모든 부분은 태초의 온전하고 건강한 상태로 지금 즉시 회복될지어다! 복잡한 합의 과정 속에서도 지혜와 공의로 인도하사, 모든 것이 순조롭게 해결되게 하옵소서. 이제 저는 주님의 보호하심 아래, 온전한 치유와 회복을 믿음으로 선포합니다. 제 남은 삶이 두려움이 아닌 감사의 노래로 채워지게 하옵소서. 예수 그리스도의 이름으로 치유기도 드립니다. 아멘.

〈시 91:11-12, 개역개정〉 "그가 너를 위하여 그의 천사들을 명령하사 네 모든 길에서 너를 지키게 하심이라 (12) 그들이 그들의 손으로 너를 붙들어 발이 돌에 부딪히지 아니하게 하리로다"

구토, 메스꺼움, 구역질 치유기도

주님,
지금 제 속에서 요동치는 고통의 파도와 메스꺼움 때문에 주님 앞에 섭니다. 평화를 잃고 뒤틀린 위장의 슬픔을 주님께 내려놓습니다. 예수 그리스도의 이름으로 명하노니, 내 몸에 구토와 메스꺼움을 가져다주는 모든 어둠의 영은 지금 즉시 묶임을 받고 떠나갈지어다! 속에서 치솟는 고통과 구역질은 완전히 소멸될지어다! 평화를 잃은 위장은 지금 즉시 평강을 되찾을지어다! 예수 그리스도의 이름으로 선포합니다. 내 위장과 소화기관은 태초의 온전한 질서와 평화를 되찾을지어다! 모든 기능이 정상적으로 회복되어 음식물이 온전히 소화되고 영양이 흡수될지어다! 이제 저는 모든 구역질과 고통에서 완전히 해방되어 주님이 주신 건강한 몸으로 감사하며 살게 될 것을 믿습니다. 제 회복된 몸이 주님의 살아 계심을 간증하는 아름다운 노래가 되게 하옵소서. 예수 그리스도의 이름으로 치유기도 드립니다. 아멘.

〈빌 4:6-7, 현대어〉 "걱정에 싸여 지내지 말고 무슨 일에 있어서든지 기도하십시오. 필요할 것을 하나님께 아뢰고, 여러분의 기도에 응답해 주시는 하나님께 감사드리는 일을 잊지 마십시오. (7) 그러면 여러분은 인간의 이해를 훨씬 더 초월한 하나님의 평화를 경험하게 될 것입니다. 여러분이 그리스도 예수를 의지할 때 하나님의 평화가 여러분의 생각과 마음을 안정시키며 안식을 줄 것입니다."

근골격계 치유기도

생명의 뼈대를 세우시는 하나님,
제 마음과 몸의 가장 깊은 곳에서 주님의 이름을 찬양합니다. 지금 저는 굳어진 뼈마디의 통증과 무너진 근육의 힘 때문에 주님 앞에 섭니다. 뻣뻣하게 굳은 관절의 슬픔과 삶의 활력을 앗아간 고통의 그림자를 주님께 내려놓습니다. 남몰래 삭히던 좌절감과 염려의 그림자를 주님의 빛으로 물리쳐 주옵소서. 주 예수 그리스도의 이름으로 선포합니다. 근골격계에 자리 잡은 모든 통증과 염증은 완전히 사라질지어다! 굳어진 관절과 약해진 근육은 주님의 보혈 아래 온전한 힘을 되찾을지어다! 제 몸의 모든 움직임에 자유와 활력이 임할지어다! 성령의 능력으로 제 몸의 뼈, 근육, 인대, 관절은 태초의 건강하고 유연한 상태로 지금 즉시 회복될지어다! 주님의 손길이 닿는 곳마다 새로운 생명이 솟아나게 하옵소서. 이제 저는 고통 없는 몸으로, 주님이 주신 삶의 모든 길을 힘차게 걸어가게 될 것을 믿습니다. 제 회복된 건강이 주님의 살아 계심을 간증하는 아름다운 노래가 되게 하옵소서. 예수 그리스도의 이름으로 감사하며, 치유기도 드립니다. 아멘.

〈겔 37:4-6, 쉬운성경〉 "그 때에 여호와께서 내게 말씀하셨다. "이 뼈들에게 나 주 여호와의 일을 예언하여라. '마른 뼈들아, 여호와의 말씀을 들어라. (5) 내가 너희 속에 숨을 불어 넣으면, 너희가 살아날 것이다. (6) 내가 너희에게 힘줄을 붙이고 네 위에 살을 입히며 살갗으로 덮을 것이다. 그리고 네 속에 숨을 불어 넣을 것이니, 너희가 살아날 것이다. 그 때에 너희는 내가 여호와라는 것을 알게 될 것이다.'""

근육질병 치유기도

주님,
제 마음과 몸의 가장 깊은 곳에서 주님의 이름을 찬양합니다. 지금 저는 제 몸을 지탱하던 근육들이 무너져 내리는 고통과 싸우고 있습니다. 힘을 잃어버린 팔다리의 무거움, 굳어버린 몸을 움직이려 애쓰는 절망, 자유로운 움직임의 기쁨을 빼앗아 간 이 질병의 그림자를 이 시간 주님께 내려놓습니다. 주님, 주님의 생명 가득한 빛으로 제 몸에 드리워진 어둠을 몰아내 주옵소서. 치유의 숨결을 제 근육 하나하나에 불어넣어, 굳어진 곳은 풀어지고 약해진 곳은 강해지게 하옵소서. 근육을 짓누르는 모든 염증과 통증은 완전히 소멸될지어다! 무너진 힘줄과 신경은 태초의 건강함으로 회복될지어다! 이제 저는 온전한 힘과 자유로운 움직임으로 주님의 영광을 위해 살아갈 것을 믿습니다. 다시 굳건해진 두 발로 주님의 길을 걷게 하시고, 강해진 두 팔로 이웃을 섬기게 하옵소서. 제 회복된 몸이 주님의 살아 계심을 간증하는 아름다운 노래가 되게 하옵소서. 예수 그리스도의 이름으로 치유기도 드립니다. 아멘.

〈욥 33:4, 개역개정〉 "하나님의 영이 나를 지으셨고 전능자의 기운이 나를 살리시느니라"

기적을 행할 주님의 제자들을 보내 주시기를 간구하는 치유기도

주님,
나의 주이시며
영원하신 아버지의 말씀이신 예수 그리스도시여,
주님께서는 제 슬픔을 참고 견디셨으며,
제 병 때문에 짐을 대신 짊어지셨습니다.
주님의 교회에서 주님의 성령으로 새롭게 하시니,
제가 치유의 은사를 주님께 간구합니다.
주님의 왕국에 관한 복음을 선포할
주님의 제자들을 다시 한번 보내 주옵소서.
병자들을 고치고,
고통당하는 주님의 자녀들을 해방시키며,
거룩하신 주님의 이름을 찬미하고 영광을 돌릴
주님의 제자들을 다시 한번 보내 주옵소서.
예수님의 이름으로 치유기도 드립니다. 아멘.

〈행 28:8, 개역개정〉 "보블리오의 부친이 열병과 이질에 걸려 누워 있거늘 바울이 들어가서 기도하고 그에게 안수하여 낫게 하매"

나는 이미 나았다는 확신이 드는 치유기도

예수님,
저를 위하여 십자가로 져주시니 참 감사합니다. 십자가로 제 질병의 대가를 치러 주시니 너무너무 고맙습니다. 이사야 선지자가 이사야 53:5에서 예언했듯이, 예수님의 찔림은 제 허물 때문이요 예수님의 상함은 제 죄악 때문이었습니다. 예수님께 저 대신 징계를 받으시므로 저는 평화를 누리게 되었습니다. 예수님께서 저 대신 채찍에 맞으시므로 저는 나음을 받게 되었습니다. 저는 이미 나았습니다. 이것이 제 생생한 고백입니다. 이것이 제 담대한 믿음입니다. 예수님, 저를 위해 죽어주신 점 너무너무 감사합니다. 이 감사를 잊지 않게 하옵소서. 이 은혜를 저버리지 않게 하옵소서. 이 감격으로 남은 삶 싱싱하게 살게 하옵소서. 이 감탄으로 남은 삶 경이롭게 살게 하옵소서. 예수님의 이름으로 치유기도 드립니다. 아멘.

〈사 53:5, 개역개정〉 "그가 찔림은 우리의 허물 때문이요 그가 상함은 우리의 죄악 때문이라 그가 징계를 받으므로 우리는 평화를 누리고 그가 채찍에 맞으므로 우리는 나음을 받았도다"

나를 다시 창조하시는 분께 드리는 치유기도

하늘에 계신 아버지,
주님은 창조주이실 뿐만 아니라,
다시 창조하시는 분이기도 합니다.
주님께서 저를 창조하실 때 부어 주셨던
건강과 힘과 능력으로
저를 다시 창조해 주옵소서.
저에게 우리 주 예수 그리스도의
치유하시는 은총을 부어 주셔서,
제가 다시 건강해지도록 하옵소서.
예수님의 이름으로 치유기도 드립니다. 아멘.

〈출 15:26, 개역개정〉 "이르시되 너희가 너희 하나님 나 여호와의 말을 들어 순종하고 내가 보기에 의를 행하며 내 계명에 귀를 기울이며 내 모든 규례를 지키면 내가 애굽 사람에게 내린 모든 질병 중 하나도 너희에게 내리지 아니하리니 나는 너희를 치료하는 여호와임이라"

나를 위해 기도하는 분들을 생각하며 드리는 치유기도

주님,
제가 지금 병이 들었습니다. 그래서 이 시간, 주님의 이름으로 기름을 바르며, 저를 위하여 주님께 기도드립니다. 믿음의 기도는 병든 자를 구원하신다고 하셨지요? 주님께서 저를 일으켜주실 것을 믿습니다. 혹시 제가 죄를 범하였을지라도, 용서해 주실 것을 믿습니다. 제 죄를 주님께 고백합니다. 이 병이 속이 낫게 하여 주옵소서. 저를 위하여 기도하고 계시는 분들을 기억하시고, 저를 살려 주옵소서. 제가 그분들에게 소중한 간증이 되게 하옵소서. 그분들의 애타는 간구가 역사하는 힘이 크게 하옵소서. 예수님의 이름으로 치유기도 드립니다. 아멘.

〈약 5:14-16, 개역개정〉 "너희 중에 병든 자가 있느냐 그는 교회의 장로들을 청할 것이요 그들은 주의 이름으로 기름을 바르며 그를 위하여 기도할지니라 (15) 믿음의 기도는 병든 자를 구원하리니 주께서 그를 일으키시리라 혹시 죄를 범하였을지라도 사하심을 받으리라 (16) 그러므로 너희 죄를 서로 고백하며 병이 낫기를 위하여 서로 기도하라 의인의 간구는 역사하는 힘이 큼이니라"

나을 것을 확신하며 드리는 치유기도

주님,
저를 치유하여 주옵소서.
그러면 제가 나을 것입니다.
저를 구해 주옵소서.
그러면 제가 구원받을 것입니다.
오직 주님만을 제가 찬미하기 때문입니다.
제 질병을 고쳐 주시고,
제 고통을 덜어 주시고,
제 상처를 어루만져 주옵소서.
주님은 자비롭고 신실하신 치유자이시기 때문입니다.
아픈 이들을 치유하시는 주님을 찬양합니다.
예수님의 이름으로 치유기도 드립니다. 아멘.

〈시 130:6, 개역개정〉 "파수꾼이 아침을 기다림보다 내 영혼이 주를 더 기다리나니 참으로 파수꾼이 아침을 기다림보다 더하도다"

낫기 위하여 미리 주님을 송축하는 치유기도

주님,
주님을 송축합니다. 내 영혼이 여호와를 송축합니다. 내 속에 있는 것들이 다 주님의 거룩한 이름을 송축합니다. 주님, 내 영혼이 여호와를 송축합니다. 주님의 모든 은택을 잊지 않겠습니다. 주님께서 이렇게 내 모든 죄악을 사하시며 내 모든 병을 고쳐 주셨습니다. 주님, 이 은혜로 이제는 죄와 멀어지겠습니다. 죄는 멀어지고 치유는 밀접하게 다가오게 해주옵소서. 제 죄를 단호히 끊어버립니다. 회개하는 이 마음, 받아주옵소서. 특별히, 주님, 저에게 상처 준 사람을 용서합니다. 제가 살기 위해서 용서를 선언합니다. 다 용서했습니다! 그러니 이제 치유가 급속도로 진행되게 하옵소서. 주님, 주님을 송축합니다. 내 영혼이 여호와를 송축합니다. 내 속에 있는 것들이 다 주님의 거룩한 이름을 송축합니다. 예수님의 이름으로 치유기도 드립니다. 아멘.

〈시 103:1-3, 개역개정〉 "내 영혼아 여호와를 송축하라 내 속에 있는 것들아 다 그의 거룩한 이름을 송축하라 (2) 내 영혼아 여호와를 송축하며 그의 모든 은택을 잊지 말지어다 (3) 그가 네 모든 죄악을 사하시며 네 모든 병을 고치시며"

내 고통이 쓸모없는 것이 되지 않게 간구하는 치유기도

하나님,
제가 구하는 것은
이 고통을 제거해 주시라는 게 아닙니다.
다만 우리 하나님,
하나님의 독생자께서 은총을 내려주시어,
제 고통이 쓸모없는 것이 되지 않게 하옵소서.
하나님의 뜻에 반항함으로써
재갈을 물지 않게 하옵소서.
제 생각이 깨끗해지게 하시고,
제 사랑으로 정화되게 하옵소서.
그리고 하나님의 나라에 헌신함으로써
고귀한 존재가 되게 하옵소서.
예수님의 이름으로 치유기도 드립니다. 아멘.

〈렘 17:14, 개역개정〉 "여호와여 주는 나의 찬송이시오니 나를 고치소서 그리하시면 내가 낫겠나이다 나를 구원하소서 그리하시면 내가 구원을 얻으리이다"

내 병을 몸소 짊어지신 예수님께 바치는 치유기도

하나님,
선지자 이사야를 통하여 하신 말씀에, 우리의 연약한 것을 친히 담당하시고, 병을 짊어지셨도다 함을 이루시려고, 외아들 예수 그리스도를 보내 주셨지요? 이 예언대로, 예수님이 이 땅에 오셔서, 지금 이 순간, 제 연약한 것을 친히 담당하시고, 제 병을 짊어지셨습니다. 이 사실에 너무너무 감사, 감사합니다. 제 죄를 친히 담당하시고, 제 암을 몸소 짊어지시고, 저 광야 한가운데로 터벅터벅 걸어가신 어린양 우리 예수님, 이 시간 간절히 비오니, 예수님의 죽으심이 헛되지 않도록 저를 깨끗하게 고쳐 주옵소서. 어린양 예수의 피, 예수의 피로, 저를 새롭게 고쳐 주옵소서. 그리하여 남은 삶, 남은 소명, 주님의 증인으로, 복음의 증인으로, 기적의 증인으로, 저를 어여삐 사용하여 주옵소서. 예수님의 이름으로 치유기도 드립니다. 아멘.

〈마 8:17, 개역개정〉 "이는 선지자 이사야를 통하여 하신 말씀에 우리의 연약한 것을 친히 담당하시고 병을 짊어지셨도다 함을 이루려 하심이더라"

내 아픈 생명을 반드시 살리는 치유기도

주님,
민수기 21장 8절, "여호와께서 모세에게 이르시되, 불뱀을 만들어 장대 위에 매달아라, 물린 자마다 그것을 보면 살리라." 이 말씀이 너무나 놀랍습니다.

예수를 십자가 장대 위에 매달아라. 물린 자마다, 아픈 자마다, 그것을 보면 살리라. 이 말씀이 너무나 복음적입니다. 십자가에 매달린 예수를 보면 살리라! 이 말씀대로 십자가에 매달리신 예수님만 바라보겠습니다.

주님, 실은 좀 전까지도 마음이 너무나 괴로웠습니다. 내가 이렇게 아픈데 주님도 몰라라 하시면 어떡하나, 고민도 많았습니다. 그런데 주님은 저를 버리지 않으셨네요.

오히려 오늘 주님께서 저를 반드시 살리시겠다 말씀하시니, 너무너무 힘이 됩니다. 가슴이 뜁니다. 살 것만 같습니다. 약도 잘 먹을 것 같습니다. 부작용도 잘 이겨낼 것 같습니다. 잠도 잘 잘 것 같습니다. 운동도 힘내어 해보려 합니다. 음식도 힘내어 먹어보려 합니다.

주님, 내 아픈 생명을 이렇게 어여삐 여기시니 감사합니다. 주님이 저를 살리시겠다고 하시는데, 제가 못할 게 뭐가 있겠습니까?

어찌 신세타령만 하고 있을 수 있겠습니까?

주님, 감사합니다. 저를 살리시겠다고 하셨으니, 반드시 살아내겠습니다. 부디 저를 도와주옵소서. 무너지려 할 때마다, 다시 일어서도록, 무릎에 힘을 주옵소서.

천사를 보내시어, 눈동자처럼 지켜 주옵소서. 아픈 내 생명, 반드시 살리시겠다 약속하시는, 예수님의 이름으로 치유기도 드립니다. 아멘.

〈레 18:5, 개역개정〉 "너희는 내 규례와 법도를 지키라 사람이 이를 행하면 그로 말미암아 살리라 나는 여호와이니라"

내 폐암이 이미 완치되었음을 간증하는 치유기도

존귀하신 주님,
저는 지금 폐암과 싸우고 있지만, 시편 118편 17절 말씀을 붙잡고 기도드립니다. "내가 죽지 않고 살아서 여호와께서 하시는 일을 선포하리로다!"

주님, 저는 이제 죽음을 넘어 생명으로 나아갑니다. 제 몸에 남아 있는 모든 암세포는 사라지고, 제 폐와 모든 기관이 완전하게 치유되었습니다. 주님께서 이미 제 삶에 생명과 치유를 주셨다는 확신이 제 안에 가득합니다.

주님, 이 기도가 간증이 될 날이 올 것을 믿습니다. 저는 완전히 치유되어, 하나님께서 제게 주신 삶을 더욱 풍성하게 살아갈 것입니다. 제 폐와 몸의 모든 부분이 치유되고 회복되어, 제 생명이 주님의 영광을 선포하는 통로가 될 것입니다.

제 치료를 인도하시는 주님의 손길이 언제나 함께 하시며, 이 병이 저를 넘어지게 하지 않음을 믿습니다. 죽음을 넘고, 제 삶이 다시 활기차고 건강하게 살아나는 것을 경험할 것입니다.

주님, 제가 매일 눈을 뜰 때마다 치유와 회복의 증거를 보게 하시고, 주님의 은혜와 능력을 간증할 수 있는 기회가 주어지게 하여 주옵소서. 이 병을 통해 주님의 큰 영광이 드러날 것입니다. 저는 이미 치유되었고, 모든 암세포는 주님의 능력 앞에 무너졌습니다.

제가 살아 숨 쉬는 동안, 주님의 놀라우신 치유를 세상에 선포하며, 주님의 일을 이 땅에서 이루어가겠습니다. 제 폐암은 완치되었고, 이제 그 모든 고난을 넘어선 강한 생명의 간증을 할 것입니다.

주님, 감사와 찬양을 드리며, 제 삶이 주님의 영광을 드러내는 증거가 되도록 인도하여 주옵소서. 예수님의 이름으로 기도합니다. 아멘.

〈시 118:17, 개역개정〉 "내가 죽지 않고 살아서 여호와께서 하시는 일을 선포하리로다"

내장질환 치유기도

생명의 오묘한 질서를 주관하시는 하나님,
제 마음과 몸의 가장 깊은 곳에서 주님의 이름을 찬양합니다. 지금 저는 겉으로 드러나지 않는 내장의 고통과 불안 때문에 주님 앞에 섭니다. 침묵 속에 병들어가는 장기의 슬픔, 삶의 활력을 앗아간 염증의 그림자를 주님께 내려놓습니다. 남몰래 삭히던 좌절감과 염려의 그림자를 주님의 빛으로 물리쳐 주옵소서. 주 예수 그리스도의 이름으로 선포합니다. 제 안에 자리 잡은 모든 내장질환의 고통과 염려는 완전히 사라질지어다! 무너졌던 모든 장기의 기능은 주님의 보혈 아래 온전한 질서를 되찾을지어다! 몸의 세포 하나하나에 주님께서 쏘시는 치유의 빛이 비추어 깨끗하게 정화될지어다! 성령의 능력으로 내 몸의 모든 기관은 태초의 건강하고 온전한 상태로 지금 즉시 회복될지어다! 음식을 온전히 소화하고, 깨끗하게 배출하며, 모든 기능이 조화롭게 작동하는 기적을 행하옵소서. 이제 저는 온전한 몸과 마음으로, 주님이 주신 모든 은혜를, 감사함으로 누리게 될 것을 믿습니다. 제 회복된 건강이 주님의 살아 계심을 증거하는 아름다운 노래가 되게 하옵소서. 예수 그리스도의 이름으로 치유기도 드립니다. 아멘.

〈시 139:13-14, 개역개정〉 "주께서 내 내장을 지으시며 나의 모태에서 나를 만드셨나이다 (14) 내가 주께 감사하옴은 나를 지으심이 심히 기묘하심이라 주께서 하시는 일이 기이함을 내 영혼이 잘 아나이다"

너무도 사랑스러운 누군가가 아플 때 드리는 치유기도

주님,
너무도 사랑스러운 ○○을
사랑 많으신 주님의 손에 맡길 수 있으니 감사합니다.
저희가 ○○을 사랑하는 만큼
주님께서도 사랑하시니,
이제 예수 그리스도께서 베푸시는 치유의 은총이
한없이 흘러넘칠 것을 저희가 믿습니다.
이 일 때문에 저희가 주님께 감사를 드립니다.
예수님의 이름으로 감사하며, 치유기도 드립니다. 아멘.

〈막 7:25, 개역개정〉 "이에 더러운 귀신 들린 어린 딸을 둔 한 여자가 예수의 소문을 듣고 곧 와서 그 발 아래에 엎드리니"

녹내장 치유기도

생명의 빛이신 주님,
녹내장으로 고통받는 저를 주님의 빛 가운데 올려드립니다. 눈은 영혼의 창이라고 하셨는데, 시야가 좁아지고 시력을 잃을지도 모른다는 두려움에 휩싸여 있습니다. 주님께서 이 영혼을 긍휼히 여겨 주시옵소서. 예수 그리스도의 치유하시는 능력으로 제 시신경을 붙들어 주옵소서. 더 이상 손상되지 않게 지켜 주옵소서. 예수 그리스도의 이름으로 명령하노니, 손상된 시신경이 기적적으로 회복될지어다! 시야가 온전히 회복될지어다! 안압이 정상적으로 유지될지어다! 마음속에 있는 모든 불안과 절망을 거두어 주시고, 주님께서 주시는 참된 평강으로 채워 주옵소서. 육체의 눈이 어두워질지라도, 영혼의 눈을 밝혀주셔서, 주님을 더 깊이 바라보게 하옵소서. 주님의 인도하심을 온전히 신뢰하며, 모든 것이 합력하여 선을 이루게 하실 주님을 찬양합니다. 예수님의 이름으로 치유기도 드립니다. 아멘."

〈요 9:5, 개역개정〉 "내가 세상에 있는 동안에는 세상의 빛이로라"

뇌전증 치유기도

폭풍을 잠재우시는 주님,
어느 날 문득 찾아오는 폭풍처럼, 흔들리는 몸의 등불처럼, 혼돈에 빠진 몸과 마음을 주님께 드립니다. 길 잃은 전기의 섬광과, 혼돈의 파도로, 고통받는 영혼을 불쌍히 여겨 주옵소서. 주님, 주님의 고요를 명하시는 음성으로, 이 모든 폭풍을 멈추어 주옵소서. 흔들리는 몸의 등불을 굳건히 세우시고, 뒤엉킨 마음의 회로를 온전한 평화로 정돈하여 주옵소서. 제 삶이 예측 불가능한 두려움 대신, 주님의 흔들리지 않는 사랑 안에, 닻을 내리게 하옵소서. 이 모든 불안과 혼란 속에서, 주님의 안전한 품이 제 피난처가 되게 하시고, 곁에서 함께 아파하는 이들에게도 평안을 허락하여 주옵소서. 온전한 치유의 빛을 비춰주실 것을 믿고 예수님의 이름으로 치유기도 드립니다. 아멘.

〈막 4:39, 현대어〉 "예수께서 일어나 바람을 꾸짖으시며 바다를 향하여 '고요하고 잔잔하라'고 말씀하셨다. 그러자 바람이 그치고 물결은 아주 잔잔해졌다."

뇌졸중 치유기도

끊어진 것을 다시 이으시는 주님,
어느 날 갑자기 끊어진 길처럼, 갇힌 영혼의 외침처럼, 혼돈에 빠진 몸을 주님께 드립니다. 길을 잃은 신경의 강물과, 닫혀버린 말의 문을 불쌍히 여겨 주옵소서. 주님, 주님의 생명 가득한 숨결로, 끊어진 길을 다시 이어주옵소서. 무너진 신경의 다리를 놓으시고, 닫혀버린 말의 문을 열어주옵소서. 잃어버린 몸의 언어를 되찾게 하시고, 영혼의 모든 회복이 온전하게 되게 하옵소서. 길고 힘든 회복의 여정 속에서, 흔들리지 않는 반석이 되어주시고, 곁에서 함께하는 이들의 마음을 위로하여 주옵소서. 주님의 따스한 손길 안에서, 온전한 회복을 향한 소망이 불타오르게 하옵소서. 모든 것을 새롭게 하실 주님께 감사드리며, 예수 그리스도의 이름으로 치유기도 드립니다. 아멘.

〈롬 8:18, 개역개정〉 "생각하건대 현재의 고난은 장차 우리에게 나타날 영광과 비교할 수 없도다"

뇌종양 치유기도

창조주 하나님 아버지,
모든 질병으로부터 저를 구원하시고 치유하시는 주님을 찬양합니다.

저는 지금 뇌종양으로 고통받고 있는 이 몸을 주님의 말씀 앞에 가져갑니다. 이 질병의 원인이 된 제 모든 죄와 불순종을 회개하오니, 예수 그리스도의 보혈로 저를 정결하게 하시고, 제 영혼을 회복시켜 주옵소서. 지금 이 시간, 뇌종양을 일으키는 모든 질병의 영과 저주를 예수 그리스도의 이름으로 결박하고 끊어버립니다!

내 머리에 있는 모든 암세포와 종양 세포는 예수님의 이름으로 명령하노니, 지금 즉시 죽을지어다! 모든 염증과 통증, 그리고 신경계의 혼란을 가져오는 영적 세력은 내 몸에서 떠나갈지어다!

말씀으로 세상을 창조하신 하나님 아버지, 하나님의 말씀은 생명이요 능력입니다. 이사야 53장 5절에, "그가 채찍에 맞으므로 우리는 나음을 얻었도다"라고 하셨으니, 제 뇌종양은 이미 예수님의 십자가에서 해결되었습니다.

그러므로 예수님의 이름으로 명령하노니, 내 머리에 있는 모든 종양은 완전히 사라지고, 흔적도 없이 제거될지어다! 나의 뇌는 하나님이 창조하신 본래의 온전한 기능과 상태를 회복할지어다! 모든 신경 세포와 기능은 정상적으로 활동할지어다! 악한 세포들은 사라지고, 건강한 세포들로 회복될지어다! 손상된 신경과 조직은 모두 완전하게 재생될지어다! 이 질병으로 마음에 생긴 모든 어둠과 절망은 물러갈지어다!

주님, 저는 눈에 보이는 증상보다 주님의 말씀을 믿습니다. 주님의 평안이 제 영혼을 가득 채우게 하시고, 고통 속에서도 소망을 잃지 않도록 붙잡아 주옵소서. 모든 의료진에게 지혜를 더하셔서, 최선의 치료를 진행하게 하시고, 치료의 모든 과정을 주님께서 친히 주관하여 주옵소서.

이 모든 것이 합력하여 선을 이루게 하실 주님을 신뢰합니다. 이미 치유되었음을 선포하며, 예수님의 이름으로 치유기도 드립니다. 아멘.

〈요한복음 14:27〉 "평안을 너희에게 끼치노니 곧 나의 평안을 너희에게 주노라 내가 너희에게 주는 것은 세상이 주는 것과 같지 아니하니라 너희는 마음에 근심하지도 말고 두려워하지도 말라"

담당 의사를 생각하며 드리는 치유기도

주님,
병을 앓는 동안,
저는 제 담당 의사가 얼마나 소중한지를 깨달았습니다.
이분을 저에게 보내 주시고,
친절한 영혼과 능력을 주셔서 감사합니다.
이분이 수많은 임무를 수행하는 동안,
지치거나 상하지 않도록 하옵소서.
이분에게 은총을 부어 주셔서,
저와 모든 환자들을 잘 치유하게 하옵소서.
저에게 보내 주신 이 선한 의사 선생님을
주님의 사랑으로 보살펴주옵소서.
예수님의 이름으로 치유기도 드립니다. 아멘.

〈눅 13:14, 개역개정〉 "회당장이 예수께서 안식일에 병 고치시는 것을 분 내어 무리에게 이르되 일할 날이 엿새가 있으니 그 동안에 와서 고침을 받을 것이요 안식일에는 하지 말 것이니라 하거늘"

당뇨병, 당뇨합병증, 혈당, 콜레스테롤, 췌장, 인슐린 치유기도

주님,
주님께서 지으신 제 몸의 거룩한 성전 안에, 질서와 조화를 잃은 당뇨의 어둠이 드리워져 있습니다. 정상 범위를 벗어난 혈당의 쇠사슬이 저를 짓누르고, 생명의 강물 같아야 할 혈관에는 콜레스테롤의 찌꺼기가 쌓여 있습니다. 이 때문에, 제 몸 곳곳에, 당뇨 합병증의 고통이 시작되고 있습니다. 예수 그리스도의 이름으로 명하노니, 제 몸의 모든 당뇨병의 묶임은 완전히 끊어질지어다! 정상 범위를 벗어난 혈당의 수치는 주님의 보혈 아래 완전히 제자리를 찾을지어다! 생명의 강물인 혈관을 막고 있는 콜레스테롤의 찌꺼기는 완전히 소멸될지어다! 당뇨 합병증 때문에 생긴, 모든 고통과 영육의 무너짐은 완전히 회복될지어다! 성령의 능력으로, 제 췌장의 모든 세포와 조직은, 태초의 건강하고 온전한 상태로, 지금 즉시 회복될지어다! 인슐린의 분비와 기능은 정상적으로 활성화될지어다! 제 혈관은 깨끗하고 유연하게 되살아나, 온몸에 생명력을 전할지어다! 이제 온전히 회복된 이 몸으로, 주님의 나라와 영광을 위해 살아가게 하옵소서. 제 건강한 삶의 질서와 회복된 기쁨이, 주님의 살아 계심을 간증하는 통로가 되게 하옵소서. 예수 그리스도의 이름으로 치유기도 드립니다. 아멘.

〈레 17:11, 현대어〉 "살아 있는 온갖 것의 생명은 바로 피에 있기 때문에 희생제물을 잡으면 그 피를 항상 번제단에 완전히 쏟으라고 일러둔 것이다. 바로 이 피로 너희 짐승의 허물을 씻어 내려는 까닭이다. 피가 사람의 허물을 가리우기 때문이다."

대상포진 치유기도

모든 아픔을 위로하시는 주님,
불타는 가시밭 같은 통증과, 피부를 따라 흐르는 불길로, 고통받는 이 몸을 주님께 드립니다. 짓밟힌 신경의 아픔과, 깊은 곳의 숨겨진 상처를, 불쌍히 여겨 주옵소서. 주님, 주님의 평화 가득한 이슬로, 이 모든 불길을 잠재워 주옵소서. 상처 입은 신경들을 부드러운 바람으로 어루만지시고, 무너진 자리를 온전하게 회복시켜 주옵소서. 바이러스의 공격이 멈추고, 온전한 평화가 제 몸에 임하게 하옵소서. 이 모든 고통 속에서, 주님의 따스한 빛이 저를 감싸주시고, 상처 입은 자리가 아물어 새살이 돋아나게 하옵소서. 온전한 회복을 주실 주님을 믿고 감사드리며, 예수님의 이름으로 치유기도 드립니다. 아멘.

〈렘 8:22, 현대어〉 "도대체 길르앗 산지에는 상처를 참지 못하여 몸부림 치는 저들의 통증을 막아 줄 마취약도 없습니까? 저들의 상처를 고쳐 줄 약과 치료할 의사도 없습니까? 도대체 무엇 때문에 이들의 상처는 아물지가 않습니까?"

독감 치유기도

주님,
지금 독감으로 열과 통증, 그리고 극심한 피로 속에서 주님께 간구합니다. 주님의 치유하시는 손길로 제 이 아픈 몸을 어루만져 주옵소서. 예수 그리스도의 이름으로 명하노니, 나의 몸을 공격하는 독감 바이러스는 지금 즉시 떠나갈지어다! 모든 고열과 두통은 사라질지어다! 온몸의 통증과 쇠약함은 끊어질지어다! 예수님께서 채찍에 맞으심으로 나는 이미 나음을 얻었음을 선포합니다. 그러므로 나는 온전히 회복되었음을 선포합니다. 내 영과 혼과 육이 예수님의 피로 깨끗하게 되었음을 선포합니다. 성령님, 불안했던 제 마음을 다스려 주시고, 주님의 평강으로 충만하게 하옵소서. 다시 회복되어 주님의 영광을 위해 온전한 삶을 살게 하옵소서. 치유의 역사를 이루신 주님께 감사와 찬양을 드립니다. 예수 그리스도의 이름으로 선포하며, 치유기도 드립니다. 아멘.

〈잠 4:20-22, 개역개정〉 "내 아들아 내 말에 주의하며 내가 말하는 것에 네 귀를 기울이라 (21) 그것을 네 눈에서 떠나게 하지 말며 네 마음 속에 지키라 (22) 그것은 얻는 자에게 생명이 되며 그의 온 육체의 건강이 됨이니라"

동맥경화 치유기도

주님,
지금 저는 제 몸의 생명줄인 혈관이 굳어지고 좁아져, 생명의 강물이 흐름을 잃어가는 고통과 불안 때문에 주님 앞에 섭니다. 마음 깊은 곳에 드리워진 두려움의 그림자와, 활력을 잃어가는 몸의 무거움을, 주님께 내려놓습니다. 주 예수 그리스도의 이름으로 선포합니다. 제 혈관에 자리 잡은 모든 굳어짐과 막힘은, 주님의 보혈 아래 완전히 사라질지어다! 생명의 강물을 방해하는 모든 염증과 찌꺼기는 깨끗하게 씻겨 나갈지어다! 동맥경화의 좁아진 길은 넓혀지고, 흐름을 잃었던 혈류는 힘차게 박동할지어다! 성령의 능력으로, 내 몸의 모든 혈관은 태초의 건강하고 유연한 상태로 지금 즉시 회복될지어다! 심장은 강하고 온전하게 뛰어, 온몸에 생명력을 전할지어다! 이제 저는 온전한 혈액의 흐름과 강해진 심장으로, 주님의 영광을 노래하는 삶을 살게 될 것을 믿습니다. 제 회복된 건강이 주님의 살아 계심을 간증하는 아름다운 노래가 되게 하옵소서. 예수 그리스도의 이름으로 치유기도 드립니다. 아멘.

〈잠 17:22, 개역개정〉 "마음의 즐거움은 양약이라도 심령의 근심은 뼈를 마르게 하느니라"

두통 치유기도

통증을 아시는 주님,
무거운 돌을 인 듯 욱신거리는 머리와, 압박의 굴레에 갇힌 듯한 고통을 주님께 드립니다. 어지러운 안개 속에 갇혀버린 생각의 바다를 불쌍히 여겨 주옵소서. 주님, 주님께서 부시는 평화의 숨결로 제 머리를 만져 주옵소서. 모든 긴장과 아픔을 부드러운 손길로 풀어주시고, 폭풍우 치는 마음을 고요한 바다처럼 잠잠하게 하옵소서. 무거운 짐을 내려놓고, 주님 안에서 맑아진 하늘을 보게 하옵소서. 시원한 바람처럼 두통을 멀리하시고, 새롭게 얻은 힘으로 주님께서 주신 하루를, 어제보다 오늘, 더 웃으며 살게 하여 주옵소서. 저를 치유하시고 회복시키실 주님을 믿으며, 예수 그리스도의 이름으로 치유기도 드립니다. 아멘.

〈시 103:2-3, 현대어〉 "온 힘을 다하여 여호와께 찬양바치리라. 주께서 베푸신 은덕 정녕 하나도 잊지 않으리라. (3) 주께서 내가 지은 모든 허물 용서하셨다. 이것 몸에 생긴 병 모두 다 고쳐주셨다."

등, 등뼈, 굽은 등 치유기도

생명의 설계자이신 하나님,
이 시간, 굽어버린 등과, 등뼈의 고통으로 신음하는 저를 불쌍히 여겨 주옵소서. 무거운 짐을 지고 걸어온 세월의 무게가 등뼈를 짓누르고, 굽은 어깨로 세상을 바라보고 있습니다. 주님께서 친히 빚으신 아름다운 형상이 이 고통 속에서 신음하지 않게 하옵소서. 예수 그리스도의 이름으로 명하노니, 이 몸을 짓누르는 모든 통증과 질병의 영은 떠나갈지어다! 굽어버린 등뼈는 곧게 펴질지어다! 틀어진 뼈와 근육은 제자리를 찾을지어다! 하나님의 창조 질서대로 온전히 회복될지어다! 이제 굳건히 서서, 하늘을 향해 얼굴을 들고, 주님의 영광을 바라보는, 강건한 몸이 될 것을 믿습니다. 주님의 능력으로 완벽하게 치유하실 것을 믿으며, 예수 그리스도의 이름으로 치유기도 드립니다. 아멘.

〈시 121:1-2, 개역개정〉 "내가 산을 향하여 눈을 들리라 나의 도움이 어디서 올까 (2) 나의 도움은 천지를 지으신 여호와에게서로다"

②
———————————

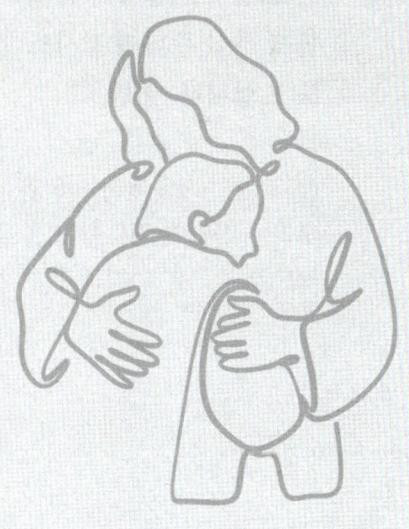

루게릭 치유기도

굳어진 것들을 부드럽게 하시는 주님,
굳어가는 생명의 끈에 묶여, 움직임을 잃어가는 몸의 감옥을 주님께 드립니다. 소리 없는 외침과, 갇힌 영혼의 고통을 불쌍히 여겨 주옵소서. 주님, 주님의 생명 가득한 숨결로 제 몸을 채워 주옵소서. 마비된 근육과 신경에 치유의 빛을 보내 주시고, 굳어진 것을 풀어내는 능력을 허락하옵소서. 갇힌 영혼이 자유의 날개를 펼치고, 닫힌 입술이 풀려 주님을 찬양하게 하옵소서. 이 모든 고통의 순간 속에서, 주님의 고요한 품이 제 안식처가 되게 하시고, 곁에서 함께 아파하는 이들의 눈물을 닦아주옵소서. 온전한 회복을 향한 소망이 흔들리지 않게 하실 것을 믿습니다. 제 몸과 영혼을 새롭게 하실 주님께 감사드리며, 예수 그리스도의 이름으로 치유기도 드립니다. 아멘.

〈롬 8:26, 개역개정〉 "이와 같이 성령도 우리의 연약함을 도우시나니 우리는 마땅히 기도할 바를 알지 못하나 오직 성령이 말할 수 없는 탄식으로 우리를 위하여 친히 간구하시느니라"

루푸스 치유기도

평화를 내리시는 주님,
내 안의 거친 폭풍과, 스스로를 공격하는 고통으로, 힘겨워하는 이 몸을 주님께 드립니다. 사랑했던 내 몸의 반란과, 타는 듯한 아픔의 불꽃을 불쌍히 여겨 주옵소서. 주님, 주님의 고요한 바람으로, 내 안의 폭풍을 잠재워 주옵소서. 상처 입은 모든 세포와 조직에 치유의 샘물을 부으시어, 온전한 조화를 되찾게 하옵소서. 몸의 모든 전쟁이 멈추고, 주님의 평화가 왕이 되게 하옵소서. 이 모든 고통의 순간에, 흔들리지 않는 안식처가 되어주시고, 제 영혼이 주님의 따스한 빛 안에서, 상처 없는 평화를 누리게 하옵소서. 치유의 역사를 써 내려가실 주님을 믿고 감사드리며, 예수님의 이름으로 치유기도 드립니다. 아멘.

〈사 26:3, 개역개정〉 "주께서 심지가 견고한 자를 평강하고 평강하도록 지키시리니 이는 그가 주를 신뢰함이니이다"

류마티스 관절염 치유기도

창조주 하나님 아버지,
모든 질병으로부터 저를 구원하시고 치유하시는 하나님을 찬양합니다. 저는 지금 류마티스 관절염으로 고통받고 있는 이 몸을 하나님의 말씀 앞에 가져갑니다.

이 질병의 원인이 된 제 모든 죄와 불순종을 회개하오니, 예수 그리스도의 보혈로 저를 정결하게 하시고 제 영혼을 회복시켜 주옵소서. 지금 이 시간, 류마티스 관절염을 일으키는 모든 질병의 영과 저주를 예수 그리스도의 이름으로 결박하고 끊어버립니다.

말씀으로 세상을 창조하신 하나님 아버지, 하나님의 말씀은 생명이요 능력입니다. 이사야 53장 5절에, "그가 채찍에 맞음으로 우리가 나음을 얻었도다"라고 하셨으니, 류마티스 관절염은 이미 예수님의 십자가에서 해결되었습니다.

그러므로 예수 그리스도의 이름으로 이 질병의 모든 권세를 꾸짖습니다. 비틀어진 관절은 바로 잡히고, 굳어진 근육은 부드러워지며, 통증은 태워질지어다. 내 몸의 면역 체계를 공격하는 모든 영적 세력은 내 몸에서 떠나갈지어다! 모든 염증은 내 몸에서 사라질지어다! 연골과 뼈는 다시 재생될지어다! 나의 면역 체계는 정상으로 돌아와, 하나님이 창조하신 본래의 상태를 회복할지어다!

이 질병 때문에 마음속에 생긴 절망과 두려움, 원망의 감정까지도 치유하여 주옵소서. 고통 속에서도 주님의 평강을 누리게 하시고, 이 고통스러운 질병을 통하여, 주님의 사랑과 권능을 더욱 깊이 깨닫게 하옵소서.

모든 치료 과정을 주관하시고, 온전한 회복을 허락하실 주님을 신뢰하며 감사드립니다. 저는 눈에 보이는 증상보다 하나님의 말씀을 믿습니다. 하여, 나는 이미 치유되었음을 담대히 선포하며, 예수님의 이름으로 치유기도 드립니다. 아멘.

〈시 34:20, 개역개정〉 "그의 모든 뼈를 보호하심이여 그 중에서 하나도 꺾이지 아니하도다"

마약중독, 약물중독 치유기도

주님,

지금 저는 제 영혼과 육신을 묶어버린 중독의 쇠사슬에 갇혀 있습니다. 영혼의 문을 두드리는 거짓된 위안의 목소리, 삶의 빛을 앗아가고 파멸의 심연으로 이끄는 어둠의 유혹을 주님께 내려놓습니다. 제 몸을 해치는 약물의 독성과, 제 영혼을 병들게 한 중독의 그림자를, 주님의 빛으로 물리쳐 주옵소서. 주 예수 그리스도의 이름으로 선포합니다. 마약중독과 약물중독의 쇠사슬은 주님의 보혈 아래 완전히 끊어질지어다! 금단 증상의 모든 고통과 영혼의 공허함은 완전히 무력화될지어다! 파멸로 이끄는 모든 유혹의 소리는 완전히 침묵할지어다! 성령의 능력으로 내 몸의 모든 신경과 세포는 약물의 독성으로부터 깨끗하게 정화될지어다! 내 영혼은 오직 주님의 사랑과 은혜로 충만해져, 다시는 거짓된 위안을 찾지 않게 될지어다! 이제 저는 중독에서 벗어나, 온전한 자유를 누리며, 주님의 영광을 위해 살아가게 될 것을 믿습니다. 회복된 제 삶의 질서와 기쁨이 주님의 살아 계심을 간증하는 아름다운 노래가 되게 하옵소서. 예수 그리스도의 이름으로 치유기도 드립니다. 아멘.

〈시 16:11, 개역개정〉 "주께서 생명의 길을 내게 보이시리니 주의 앞에는 충만한 기쁨이 있고 주의 오른쪽에는 영원한 즐거움이 있나이다"

만성 소화장애 치유기도

제 몸을 아름답게 지으신 주님,
고요를 잃은 내면의 바다와, 뒤엉킨 소화의 길로 고통받는 이 몸을 주님께 드립니다. 생명의 양식이 부담이 되어, 쓰라린 속을 불쌍히 여겨 주옵소서. 주님, 주님의 치유하시는 손길로 이 모든 혼돈을 잠재워 주옵소서. 엉켜버린 모든 통로를 곧게 펴주시고, 소화의 모든 과정을 온전하게 회복시켜 주옵소서. 음식이 다시 기쁨과 감사의 양식이 되게 하옵소서. 이 모든 아픔 속에서도, 주님의 따뜻한 품 안에서, 온전한 평화를 누리게 하시고, 제 몸이 주님 안에서 새 힘과 활력을 얻게 하옵소서. 모든 것을 온전하게 회복시키실 주님께 감사드리며, 예수 그리스도의 이름으로 치유기도 드립니다. 아멘.

〈사 58:11, 개역개정〉 "여호와가 너를 항상 인도하여 메마른 곳에서도 네 영혼을 만족하게 하며 네 뼈를 견고하게 하리니 너는 물 댄 동산 같겠고 물이 끊어지지 아니하는 샘 같을 것이라"

만성 통증 치유기도

제 눈물을 닦아주시는 주님,
벗어날 수 없는 그림자처럼, 영혼을 짓누르는 무거운 쇠사슬처럼, 끊임없이 타는 불꽃 같은 이 만성 통증을 주님께 드립니다. 마르지 않는 고통의 샘으로 지쳐 버린, 이 몸과 마음을 불쌍히 여겨 주옵소서. 주님, 주님의 치유하시는 손길로 이 모든 아픔의 사슬을 끊어주옵소서. 끊임없이 타는 불꽃을 잠재우고, 영혼을 짓누르는 짐을 거두어 주옵소서. 고통의 밤에 찾아오시는 고요한 빛이 되시어, 제 몸과 마음이 주님의 품 안에서 온전한 안식을 얻게 하옵소서. 이 모든 고통과 절망을 주님의 따스한 빛 안에 내려놓습니다. 모든 아픔이 사라지고, 자유와 기쁨의 노래를 부르는 날이 속히 오게 하실 것을 믿으며, 예수 그리스도의 이름으로 치유기도 드립니다. 아멘.

〈렘 4:19, 현대어〉 "주님, 제 오장육부가 뒤틀리는 이 통증을 보소서. 제 뱃속의 고통이 심하여 몸부림을 치지 않을 수가 없습니다. 제 심장이 어찌나 빨리 뛰는지 거의 파열해 버릴 것 같습니다. 폭발 직전의 상태입니다. 그러므로 저는 더 이상 참고 견딜 수가 없습니다. 침묵을 지킬 수가 없습니다. 제 심령 속으로 비상 나팔 소리가 들려오고 전쟁의 아우성 소리가 들려오기 때문입니다."

만성 통증을 느낄 때 드리는 치유기도

하나님 아버지,
하나님께서는 위대한 의사이십니다. 하지만 가끔 만성 통증이 닥칠 때면, 참을성이 없고, 두려움이 내 생각에 스며드는 것을 고백합니다. 하나님께서 항상 가까이 계시다는 것을 알 수 있도록 도와주옵소서. 그리고 몸이 힘들 때에도, 통증이 또 느껴질 때에도, 제 믿음을 세워주옵소서. 성령님, 강하게 더 강하게 일하시옵소서. 주 예수의 이름으로 명하노니, 이 모든 통증은 깨끗이 치유될지어다. 베드로전서 2장 24절 말씀대로, 주께서 채찍에 맞으실 때, 내 통증은 이미 치유되었음을 믿음으로 선포합니다. 믿음대로 될지어다. 예수님의 이름으로 치유기도 드립니다. 아멘.

〈고후 12:9, 개역개정〉 "나에게 이르시기를 내 은혜가 네게 족하도다 이는 내 능력이 약한 데서 온전하여짐이라 하신지라 그러므로 도리어 크게 기뻐함으로 나의 여러 약한 것들에 대하여 자랑하리니 이는 그리스도의 능력이 내게 머물게 하려 함이라"

만성질환 치유기도

모든 것을 새롭게 하시는 주님,
제 마음과 몸의 가장 깊은 곳에서 주님의 이름을 찬양합니다. 지금 저는 끝없는 터널처럼, 길고 어두운 만성질환의 길을 걷고 있습니다. 오늘의 고통이 내일도 이어질 것 같은 두려움, 희미해져 가는 건강, 그러나 이 속에서도 치유의 빛을 향한 간절한 갈망을 주님 앞에 내려놓습니다. 지친 육신과 상한 마음을 주님의 따스한 손길로 어루만져 주옵소서. 주님의 크신 자비와 은혜가, 고통에 찌든 제 영혼을 새롭게 하시고, 절망에 갇힌 제 몸에, 생명 가득한 숨결을 불어 넣어 주옵소서. 오랜 시간의 흔적으로 굳어진 모든 신경과 세포가 주님의 사랑 안에서 부드럽게 풀려나게 하옵소서. 희망의 빛이 없는 만성질환의 밤에도, 주님께서 저와 함께 계심을 믿음으로 선포합니다. 질병의 고통을 통해 제가 주님을 더 깊이 만나고, 주님의 치유와 위로를 간증하는 삶을 살게 될 것을 믿습니다. 이제 저는 모든 염려를 주님께 맡기고, 주님의 평강을 누립니다. 이 오랜 질병의 무게로부터 이제는 저를 자유롭게 하옵소서. 예수 그리스도의 이름으로 치유기도 드립니다. 아멘.

〈롬 5:3-4, 개역개정〉 "다만 이뿐 아니라 우리가 환난 중에도 즐거워 하나니 이는 환난은 인내를, (4) 인내는 연단을, 연단은 소망을 이루는 줄 앎이로다"

만성피로 치유기도

지친 영혼에 영원한 안식을 주시는 주님,
뿌리까지 지쳐 버린 영혼과, 꺼져가는 등불 같은 육신을 주님께 드립니다. 삶의 무거운 겉옷을 입은 채, 메마른 샘처럼 힘을 잃어 버린 저를 불쌍히 여겨 주옵소서. 주님, 저를 주님의 따스한 품에 기대게 하시고, 부드러운 손길로 제 깊은 피로를 만져 주옵소서. 모든 염려와 짐을 내려놓을 수 있는 고요한 평화를 허락하시어, 주님 안에서 참된 회복을 경험하게 하옵소서. 제 영혼에 생수의 강물을 부어 주시고, 꺼져가던 불씨가 다시 타오르게 하옵소서. 주님께서 주시는 새 힘으로, 가벼워진 날개처럼 다시 날아오르고, 새 생명의 노래를 부르게 하실 것을 믿습니다. 저를 쉬게 하실 주님께 모든 것을 맡기오며, 예수 그리스도의 이름으로 치유기도 드립니다. 아멘.

〈시 143:7, 개역개정〉 "여호와여 속히 내게 응답하소서 내 영이 피곤하니이다 주의 얼굴을 내게서 숨기지 마소서 내가 무덤에 내려가는 자 같을까 두려워하나이다"

말씀이 들어가 이미 완치되었음을 선포하는 치유기도

주님,
오늘 저는 시편 107편 20절의 강력한 말씀을 붙잡고 기도합니다. "그가 그의 말씀을 보내어 그들을 고치시고"라고 하신 주님, 저는 하나님의 말씀 속에 담긴 치유의 능력을 믿습니다.

주님, 주님의 말씀은 생명이며, 저에게 이미 치유를 주셨음을 믿습니다. 주님께서 저에게 주신 이 치유의 말씀이 제 몸과 마음을 새롭게 하고, 온전히 회복시킨다고 믿습니다.

주님, 제 안에 있는 모든 질병과 암세포는 이미 사라졌습니다. 제 몸의 모든 세포는 치유되고, 건강한 세포들로 다시 태어났습니다. "그가 그의 말씀을 보내어 그들을 고치시고"라고 하셨듯이, 지금 제 안에 주님의 말씀이 들어가 제 몸을 고치고 있습니다.

폐암과 뇌종양과 녹내장의 모든 증상은 이미 사라졌고, 저는 주님의 말씀에 따라 완전히 나음을 입었습니다. 제 몸과 마음과 영과 혼은 주님의 능력으로 가득 차 있습니다. 제 몸을 이미 고치시고, 저를 "위험한 지경에서 건져"주셔서 감사합니다.

저는 주님의 인도하심을 믿고, 제 삶이 건강과 기쁨으로 가득할 것을 선포합니다. 제가 받는 모든 치료가 주님의 뜻 안에서 효과를 발휘하며, 회복의 증거가 제 삶 속에 나타나고 있습니다.

주님, 제가 구하는 모든 것이 이미 이루어졌음을 믿고 선포합니다. 저는 완치된 몸으로 살아가며, 주님의 영광을 드러낼 삶을 살 것입니다. 주님의 말씀이 제 삶을 변화시켰고, 저는 치유된 상태로 앞으로 나아갑니다.

주님, 이미 이루어진 치유와 완치를 믿고, 이 기도를 드립니다. 모든 병과 고통은 물러갔고, 저는 건강하게 살아갈 것입니다. 감사합니다, 주님! 저는 주님께서 주신 이 치유의 말씀을 믿고, 완전한 회복을 경험하며 살아가겠습니다. 예수님의 이름으로 치유기도 드립니다. 아멘.

〈시 107:20, 개역개정〉 "그가 그의 말씀을 보내어 그들을 고치시고 위험한 지경에서 건지시는도다"

면역력 치유기도

주님,
지금 이 순간, 제 몸 안에 잠들어 있는 생명의 군대를 주님께 올려드립니다. 연약해진 제 면역 체계가 주님의 강한 손길로 다시 깨어나길 원합니다. 주님, 주님의 말씀은 제 방패가 되시고, 주님의 사랑은 제 굳건한 요새가 됩니다. 모든 질병과 연약함의 공격을 막아내고, 몸의 모든 기능이 정상으로 회복되게 하옵소서. 두려움과 불안을 일으키는 모든 세력은 예수 그리스도의 이름으로 사라질지어다. 주님께서 채찍에 맞으심으로, 이미 제 면역력이 온전하게 치유되었음을 믿고 선포합니다. 주님께서 주시는 힘과 생기로 충만하여, 더 이상 질병에 무너지지 않고, 강건하게 주님의 영광을 선포하며 살게 하옵소서. 모든 영광을 주님께 올려드립니다. 예수 그리스도의 이름으로 치유기도 드립니다. 아멘.

〈시 121:7-8, 개역개정〉 "여호와께서 너를 지켜 모든 환난을 면하게 하시며 또 네 영혼을 지키시리로다 (8) 여호와께서 너의 출입을 지금부터 영원까지 지키시리로다"

목디스크 치유기도

창조주 하나님 아버지,
모든 질병으로부터 저를 구원하시고 치유하시는 하나님을 찬양합니다. 저는 지금 목디스크로 고통받고 있는 이 몸을 주님의 말씀 앞에 가져갑니다. 이 질병의 원인이 된 제 모든 죄와 불순종을 회개하오니, 예수 그리스도의 보혈로 저를 정결하게 하시고, 제 영혼을 회복시켜 주옵소서. 지금 이 시간, 목디스크를 일으키는 모든 질병의 영과 저주를 예수 그리스도의 이름으로 결박하고 끊어버립니다! 내 목을 압박하고 통증을 주는 모든 영적 세력은 예수님의 이름으로 명령하노니, 내 몸에서 떠나갈지어다! 모든 통증과 불편함은 사라질지어다! 말씀으로 세상을 창조하신 하나님 아버지, 하나님의 말씀은 생명이요 능력입니다. 이사야 53장 5절에, "그가 채찍에 맞으므로 우리는 나음을 얻었도다"라고 하셨으니, 제 목디스크는 이미 예수님의 십자가에서 해결되었습니다. 그러므로 예수님의 이름으로 명령하노니, 내 목에 있는 모든 디스크는 제자리를 찾아 정상적으로 돌아갈지어다! 튀어나온 디스크는 지금 즉시 사라질지어다! 압박받던 모든 신경은 풀리고 자유로워질지어다! 목을 지탱하는 모든 근육과 인대는 강건하게 회복될지어다! 저는 눈에 보이는 증상보다 하나님의 말씀을 믿습니다. 이미 치유되었음을 선포하며, 예수님의 이름으로 치유기도 드립니다. 아멘.

〈눅 10:19, 개역개정〉 "내가 너희에게 뱀과 전갈을 밟으며 원수의 모든 능력을 제어할 권능을 주었으니 너희를 해칠 자가 결코 없으리라"

믿음대로 담대히 말하는 치유기도

주님,
저는 이미 나았습니다.
저는 이미 나았습니다.
저는 이미 나았습니다.
이것이 제 믿음입니다.
그래서 담대히 말합니다.
암이 완전히 사멸되었습니다.
암이 완전히 사멸되었습니다.
암이 완전히 사멸되었습니다.
이것이 제 믿음입니다.
믿음대로 될지어다!
믿음대로 되었습니다!
믿음대로 되었습니다!
믿음대로 되었습니다!
예수님의 이름으로 치유기도 드립니다. 아멘.

〈고후 4:13, 개역개정〉 "기록된 바 내가 믿었으므로 말하였다 한 것 같이 우리가 같은 믿음의 마음을 가졌으니 우리도 믿었으므로 또한 말하노라"

믿음으로 암을 옮기는 치유기도

예수님,
누구든지 이 산더러 들리어 바다에 던져지라 하며, 그 말하는 것이 이루어질 줄 믿고, 마음에 의심하지 아니하면, 그대로 되리라 셨지요? 무엇이든지 기도하고 구하는 것은 받은 줄로 믿으라, 그리하면 너희에게 그대로 되리라 하셨지요? 예수님, 지금 그 말씀이 저에게 그대로 되게 하옵소서. 그대로 될 줄로 믿습니다. 제 믿음의 말로 저 산을 옮길 수 있다면, 제 믿음의 말로 이 암도 옮길 수 있음을 믿습니다. 제 믿음이 간증이 되게 해주실 예수님의 이름으로 치유기도 드립니다. 아멘.

〈막 11:22-24, 개역개정〉 "예수께서 그들에게 대답하여 이르시되 하나님을 믿으라 (23) 내가 진실로 너희에게 이르노니 누구든지 이 산더러 들리어 바다에 던져지라 하며 그 말하는 것이 이루어질 줄 믿고 마음에 의심하지 아니하면 그대로 되리라 (24) 그러므로 내가 너희에게 말하노니 무엇이든지 기도하고 구하는 것은 받은 줄로 믿으라 그리하면 너희에게 그대로 되리라"

바이러스 전염병 치유기도

사랑하는 주님,
제 주인이신 예수 그리스도의 이름과, 그분이 주신 권세를 가지고 이 시간 기도합니다. 먼저 이 나라와 백성, 그리고 제 모든 죄를 회개합니다. 주님의 말씀에 순종하지 못했던 불신앙과 교만을 용서하여 주옵소서. 이제 주님의 통치를 온전히 인정하며, 성령님의 도우심을 구합니다. 예수 그리스도의 이름으로 명하노니, 나의 몸을 공격하는 모든 바이러스 전염병은 지금 즉시 떠나갈지어다! 모든 감염은 끊어질지어다! 내 몸의 모든 면역 체계는 성령의 능력으로 회복될지어다! 나는 예수님께서 채찍에 맞으심으로, 이미 나음을 얻었음을 선포합니다. 그러므로 나는 온전히 회복되었음을 선포합니다. 내 영과 혼과 육이 예수님의 피로 깨끗하게 되었음을 선포합니다. 성령님, 전국적이고 세계적인 이 전염병으로 불안했던 제 마음을 다스려 주시고, 주님의 평강으로 다시 충만하게 하옵소서. 곳곳에서 죽음이 떠나가고, 다시 생명력이 회복되어, 이 지구촌이 주님께서 살아 계심을 간증하게 하시고, 저 또한 주님의 영광을 위해, 남은 삶, 의미 있게 살게 하옵소서. 이 땅을 고치시는 주님께 감사와 찬양을 드립니다. 예수 그리스도의 이름으로 선포하며, 치유기도 드립니다. 아멘.

〈시 91:1-3, 개역개정〉 "지존자의 은밀한 곳에 거주하며 전능자의 그늘 아래에 사는 자여, (2) 나는 여호와를 향하여 말하기를 그는 나의 피난처요 나의 요새요 내가 의뢰하는 하나님이라 하리니 (3) 이는 그가 너를 새 사냥꾼의 올무에서와 심한 전염병에서 건지실 것임이로다"

백내장 치유기도

빛 되신 주님,
백내장으로 시야가 흐려지고 있는 저를 주님의 치유하시는 손길 아래 올려드립니다. 눈이 어두워져 세상의 아름다움을 온전히 볼 수 없는 고통과, 앞으로 시력을 잃을지도 모른다는 두려움에 이 영혼이 힘들어하고 있습니다. 주님, 예수 그리스도의 치유하시는 능력으로 제 수정체를 만져 주옵소서. 흐려진 수정체가 맑아지고, 혼탁함이 완전히 사라지게 하옵소서. 수술을 해야 한다면, 주님께서 의사의 손길을 인도하시고, 수술 과정과 회복 기간을 주관하여 주옵소서. 모든 염려와 불안을 거두어 주시고, 온전한 시력을 회복시켜 주옵소서. 육체의 눈이 약해질지라도, 영혼의 눈은 더 밝아지게 하옵소서. 이 모든 어려움 속에서도 주님의 뜻을 명확히 분별하게 하시고, 오직 주님만을 바라보며 살게 하옵소서. 주 예수 그리스도의 이름으로 치유기도 드립니다. 아멘.

〈사 42:7, 개역개정〉 "네가 눈먼 자들의 눈을 밝히며 갇힌 자를 감옥에서 이끌어 내며 흑암에 앉은 자를 감방에서 나오게 하리라"

병상에 누워 있을 때 드리는 치유기도

전능하시고 자비로우신 하나님,
하나님께서는 깨어진 생명을 치유하시려 예수 그리스도를 보내셨습니다. 오늘도 의사들과 간호사들을 통하여 치료하시고, 첨단 의학기술로 저에게 복을 내리시니 하나님을 찬양합니다. 제가 몸과 마음에 병을 얻어, 주님의 치유하시는 손길을 고대하며 기도할 때, 온전케 해주시겠다는 하나님의 약속을 기억합니다. 약한 이를 강하게 해주시고, 병든 이를 건강하게 해주시며, 깨어진 이를 온전하게 하시는 하나님, 하나님께서 임명하신 사랑의 대리인으로서, 저를 치료하는 이들에게 확신을 주옵소서. 그래서 제가 온전히 새로워져서, 죽음을 정복하신 부활의 그리스도를 가리키며, 영원히 살 수 있게 해주옵소서. 예수님의 이름으로 치유기도 드립니다. 아멘.

〈시 41:3, 개역개정〉 "여호와께서 그를 병상에서 붙드시고 그가 누워 있을 때마다 그의 병을 고쳐주시나이다"

병상에 누워서 자꾸 잠이 올 때 드리는 치유기도

하늘에 계신 아버지,
제가 여기 병상에 누워 있는 동안, 낮은 더디 흐르고, 밤은 때로 끝이 없는 것처럼 느껴집니다. 건강했을 때처럼 깊이 잠들 수 있기를 얼마나 원하고 있는지! 제가 편안하게 쉬고, 고요하고 평화로운 마음을 가질 수 있도록 도와주옵소서. 제 눈꺼풀을 주님의 친절하신 졸음으로 어루만져 주옵소서. 저에게 깊은 휴식을 주셔서, 건강해지도록 도와주옵소서. "여호와께서 그의 사랑하시는 자에게는 잠을 주시는도다"고 하신 약속을 제가 믿습니다. 주님, 감사합니다. 예수님의 이름으로 치유기도 드립니다. 아멘.

〈시 127:2, 개역개정〉 "너희가 일찍이 일어나고 늦게 누우며 수고의 떡을 먹음이 헛되도다 그러므로 여호와께서 그의 사랑하시는 자에게는 잠을 주시는도다"

병상에서 일어나게 해주시기를 간구하는 치유기도

전능하시고 영원하신 하나님,
하나님께서는 상한 인간의 몸에 하나님의 축복과 치유의 은총을 부어 주시며, 하나님께서 지으신 피조물에 대한 관심을 다양한 방법으로 보여주십니다. 저희가 하나님의 이름을 외쳐 부를 때에 저희에게 자비를 베푸시고 가까이 임하옵소서. 하나님의 종을 질병으로부터 건지시옵소서. 하나님의 종에게 새로운 건강을 주시옵소서. 하나님의 손을 뻗어 병상에서 일어나게 하옵소서. 하나님의 종에게 강한 힘을 주시고, 하나님의 강력한 보호로 안전하게 지켜주옵소서. 하나님의 종을 하나님의 거룩한 교회로 다시 보내 주시고, 모든 일을 순조롭게 하옵소서. 우리 주 예수 그리스도의 이름으로 치유기도 드립니다. 아멘.

〈시 41:3, 개역개정〉 "여호와께서 그를 병상에서 붙드시고 그가 누워 있을 때마다 그의 병을 고쳐주시나이다"

병원 오가는 게 너무 피곤할 때 드리는 치유기도

주님,
오늘도 새벽 첫 기차를 타고 서울에 있는 병원에 왔습니다. 피검사부터 엑스레이, 이 아침부터 전국에서 오신 환자들, 왜 그렇게 아픈 사람이 많은지요?

키를 재고, 몸무게를 달고, 혈압을 체크하고, 겨우 아침 식사를 하였습니다. 아내에게 너무 미안합니다. 그래도 항상 밝은 얼굴로 손을 잡고 오가는 길이 너무나 힘이 됩니다. 복도에서 기다리는 진료 대기, 기다림에 지치고 또 지칩니다.

겨우 찾아온 진료 시간, 긴장 속에 들어간 진료실, 담당 의사 선생님께서 이번에는 또 뭐라고 하실까, 침묵 속에 그분의 입술만 쳐다봅니다. 괜찮다, 이대로 죽 해보자, 그 말씀을 듣고, 휴, 한숨을 내쉽니다. 이번에도 또 한고비를 넘겼습니다. 이 말 한마디, 1분도 안 되는 진료지만, 그래도 감사, 감사합니다.

그리고 또 세포독성항암주사, 1시간을 기다려서 수속을 밟고, 또 1시간을 기다려서 자리를 배당받고, 또 3시간을 이런저런 주사를 맞습니다. 이제는 혈관도 잘 보이지 않습니다.

돌아오는 길, 벌써 구토가 일어납니다. 픽픽 어지럽습니다. 너무너무 피곤합니다. 집에 오면 캄캄한 밤, 그대로 푹 쓰러집니다. 1

주일은 밥맛도 없고, 퉁퉁 붓고, 너무 힘듭니다. 그다음 1주일은 어떡하든 견뎌야지 하다가, 그다음 1주일은 아 이제 살 것 같다 싶더니, 금새 또 병원 가는 날입니다.

주님, 언제까지 이렇게 해야 합니까? 끝은 있는 겁니까? 너무너무 피곤합니다.

그러나 주님, 오직 주님만 앙망합니다. 새 힘을 주옵소서. 독수리가 날개 치며 올라감같이, 달음박질하여도 곤비하지 않게 하옵소서. 걸어가도 피곤하지 않게 하옵소서.

제 피곤은 가져가시고, 주님 주시는 새 힘으로, 다시, 또다시, 일어서게 하옵소서. 마침내 웃게 하옵소서. 예수님의 이름으로 치유기도 드립니다. 아멘.

〈사 40:31, 개역개정〉 "오직 여호와를 앙망하는 자는 새 힘을 얻으리니 독수리가 날개치며 올라감 같을 것이요 달음박질하여도 곤비하지 아니하겠고 걸어가도 피곤하지 아니하리로다"

병원 입원 치유기도

주님,
이 시간, 이렇게 병실에 누워, 주님의 보좌 앞에 엎드립니다. 차가운 병원 공기 속에 갇힌 것이 아니라, 주님의 은혜와 사랑의 품 안에 안겨 있음을 믿습니다. 예수 그리스도의 이름으로 명하노니, 내 몸을 짓누르는 모든 질병의 영은 떠나갈지어다! 주님의 생명수가 온몸의 세포 속으로 흘러 들어가, 병든 곳마다 치유의 불꽃을 일으킬지어다! 고통의 묶임은 풀어지고, 두려움의 그림자는 빛 가운데 사라질지어다! 의사의 지식과 기술을 뛰어넘는, 주님의 놀라운 치유 역사가, 지금 이 순간, 시작될 것을 믿습니다. 이곳이 절망의 자리가 아니라, 주님의 영광을 체험하는, 놀라운 기적의 장소가 되게 하옵소서. 다시 한번 온전한 건강을 회복하여, 주님께서 주신 새로운 삶을 누리게 하옵소서. 살아 계신 예수 그리스도의 이름으로 치유기도 드립니다. 아멘.

〈막 10:27, 개역개정〉 "예수께서 그들을 보시며 이르시되 사람으로는 할 수 없으되 하나님으로는 그렇지 아니하니 하나님으로서는 다 하실 수 있느니라"

병원에 갈 때 드리는 치유기도

주님,
오늘 제가 병원에 갑니다. 약간 두렵고 초조해집니다. 제가 가는 병원이 제가 어려울 때 돕기 위하여 지어졌다는 사실을 깨닫게 하옵소서. 또한 의사와 간호사들도 제가 건강해지도록 돕고 싶어 한다는 사실을 깨닫게 하옵소서. 이 낯선 질병의 세계에서 제가 넘치는 사랑을 발견하게 하시고, 가능하다면 새로운 통찰들을 많이 발견할 수 있도록 도와주옵소서. 하지만 무엇보다도, 병원 복도를 따라 거니시는 주님의 발자국 소리를 제가 들을 수 있게 하시고, 낮이나 밤이나 제 침대맡에 계시는 주님의 존재를 깨닫게 하옵소서. 이제 아무런 두려움도 없이, 완전한 믿음 가운데, 제가 병원으로 갑니다. 우리 주 예수 그리스도의 이름으로 치유기도 드립니다. 아멘.

〈고전 12:9-10, 개역개정〉 "다른 사람에게는 같은 성령으로 믿음을, 어떤 사람에게는 한 성령으로 병 고치는 은사를, (10) 어떤 사람에게는 능력 행함을, 어떤 사람에게는 예언함을, 어떤 사람에게는 영들 분별함을, 다른 사람에게는 각종 방언 말함을, 어떤 사람에게는 방언들 통역함을 주시나니"

병원에서 두려움과 걱정과 소망을
모두 하나님께 맡기는 치유기도

하나님,
감사합니다. 오늘 하루 동안, 저를 보살펴준 사람들 모두를 생각하며 감사드립니다. 이 병원의 모든 환자들을 하나님의 강하신 손에 맡깁니다. 오늘밤 당직을 서는 이 병원의 야간 근무자들, 제가 사랑하는 사람들, 저와, 제 두려움과, 제 걱정과, 제 소망을 모두 하나님께 맡깁니다. 하나님과 하나님의 약속을 생각하면서, 제가 잠을 잘 자도록 도와주옵소서. 예수님의 이름으로 치유기도 드립니다. 아멘.

〈행 20:10, 현대어〉 "바울이 내려가서 그 청년을 팔에 안고 '걱정하지 마시오. 이 사람은 살아 있소' 하고 말하였다. 과연 그는 살아났다. 사람들은 두려움 반 기쁨 반으로 어쩔 줄을 몰랐다. 그 청년이 살아나 사람들은 적지않이 위로를 받았다. 그들은 모두 다시 3층 방으로 올라가서 주님의 만찬을 나누며 바울의 긴 설교를 들었다. 일행은 새벽이 되어 길을 떠났다."

병원에서 드리는 치유기도

하나님,
하나님께서는 지금 이 순간,
제 기분을 잘 아십니다.
하나님께서는 제 두려움과 긴장감을 잘 아십니다.
하나님께서는 제가 말로 옮기지 못하는
생각까지도 다 아십니다.
의사들과 마취과 전문의들과 간호사들에게
온갖 기술과 지혜를 주시니 감사합니다.
오늘 하루 동안,
그들이 하는 모든 일들 위에
하나님의 능력을 부어주옵소서.
제가 그들 손에 있을 때,
하늘에서 천군 천사들을 급파하시어,
순간순간 도와주옵소서.
예수님의 이름으로 치유기도 드립니다. 아멘.

〈마 12:15, 개역개정〉 "예수께서 아시고 거기를 떠나가시니 많은 사람이 따르는지라 예수께서 그들의 병을 다 고치시고"

병원을 생각하며 드리는 치유기도

하나님,
이 병원의 문을 넓혀 주셔서,
인간의 사랑과 우정,
그리고 하늘에 계신
아버지의 돌보심이 필요한 사람들을
모두 다 수용할 수 있게 하옵소서.
또한 온갖 시기와 자만과 증오가 들어오지 못하도록,
이 병원의 문을 좁혀 주옵소서.
아이들에게 장애물이 되지 않도록,
이 병원의 입구를 매끄럽게 하시고,
아이들이 길을 잃지 않게 하옵소서.
이 병원 문이
하나님께서 예비하신
영원한 왕국으로 들어가는 문이 되게 하옵소서.
예수님의 이름으로 치유기도 드립니다. 아멘.

〈마 19:2, 개역개정〉 "큰 무리가 따르거늘 예수께서 거기서 그들의 병을 고치시더라"

병원을 섬기는 사람들을 생각하며 드리는 치유기도

주님,
저희가 병든 사람들을 고칠 수 있도록, 위대한 치유의 원천이 되어주시니 감사합니다. 의사들에게 첨단기술을 주시고, 수술실 의료진들에게 기술적인 능력을 주시니 감사합니다. 의학적인 지식과, 약의 치유 능력과, 화학자들과 약사들을 주시니 감사합니다. 간호사들을 붙여주시고, 그들에게 전문적인 기술과 돌봄의 능력, 격려의 능력을 부어주시니 감사합니다. 물리치료사, 약물치료사, 심리치료사, 수술치료사, 방사선학자, 병원 사회사업가, 병원 원목실 교역자들을 지원팀으로 주시니 감사합니다. 관리 직원들과, 청소와 식사를 맡은 이들과, 기타 여러 가지 일들을 섬기는 병동 직원들과, 병원의 수위들과, 앰뷸런스 운전사들을 주시니 감사합니다. 예수님의 이름으로 감사하며, 치유기도 드립니다. 아멘.

〈마 4:24, 개역개정〉 "그의 소문이 온 수리아에 퍼진지라 사람들이 모든 앓는 자 곧 각종 병에 걸려서 고통당하는 자, 귀신 들린 자, 간질하는 자, 중풍병자들을 데려오니 그들을 고치시더라"

볼 수 없고 들을 수 없는 장애인들을 위하여
드리는 치유기도

하나님,
자연의 아름다움을 볼 수 없고,
생명의 소리를 들을 수 없는 이들에게,
축복을 내려주옵소서.
그들이 하나님의 존재를 느낄 수 있도록 도와주옵소서.
그들의 손과 발을 안전하게 인도하옵소서.
그들이 시력과 청력 대신에,
하나님께서 주신 은사들을 발견할 수 있도록 도와주옵소서.
그리하여 하나님의 영광을 위해,
시각장애인과 청각장애인을 고치신
우리 주 예수 그리스도를 위해,
그 은사들을 사용하게 하옵소서.
예수 그리스도의 이름으로 치유기도 드립니다. 아멘.

〈눅 7:21, 개역개정〉 "마침 그 때에 예수께서 질병과 고통과 및 악귀 들린 자를 많이 고치시며 또 많은 맹인을 보게 하신지라"

부상을 입었을 때 드리는 치유기도

아바 아버지,
우리의 모든 상처를 안고 하나님께 나아올 수 있어서 너무 기쁩니다. 지금, 제 상처는 육체적인 상처입니다. 제가 할 수 있는 일이나, 해야 할 일이 너무 많을 때, 이 부상으로 누워 있기가 어렵습니다. 하나님께서 만지시는 치유의 손길로 이미 제 몸이 고쳐지고 있음을 알기에, 오늘은 편안하게 쉬게 하옵소서. 성령님, 강하게 더 강하게 일하시옵소서. 주 예수의 이름으로 명하노니, 이 모든 부상은 깨끗이 치유될지어다. 베드로전서 2장 24절 말씀대로, 주께서 채찍에 맞으실 때, 내 부상은 이미 치유되었음을 믿음으로 선포합니다. 믿음대로 될지어다. 예수님의 이름으로 치유기도 드립니다. 아멘.

〈사 40:29-31, 개역개정〉 "피곤한 자에게는 능력을 주시며 무능한 자에게는 힘을 더하시나니 (30) 소년이라도 피곤하며 곤비하며 장정이라도 넘어지며 쓰러지되 (31) 오직 여호와를 앙망하는 자는 새 힘을 얻으리니 독수리가 날개치며 올라감 같을 것이요 달음박질하여도 곤비하지 아니하겠고 걸어가도 피곤하지 아니하리로다"

부정적인 현대의학 이론을 무너뜨리는 치유기도

주님,
지금 제 싸우는 무기는 육신에 속한 것이 아니요,
오직 어떤 견고한 진도 무너뜨리는,
하나님의 능력임을 고백합니다.
하나님의 능력은 세상 그 모든 이론을 무너뜨립니다.
부정적인 현대의학 이론도 무너뜨립니다.
부정적인 모든 생각도 무너뜨립니다.
부정적인 모든 말로 무너뜨립니다.
하나님 아는 것을 대적하여 높아진 것을 다 무너뜨립니다.
모든 생각을 사로잡아 그리스도에게 복종하게 합니다.
예수 그리스도의 이름으로 치유기도 드립니다. 아멘.

〈고후 10:4-5, 개역개정〉 "우리의 싸우는 무기는 육신에 속한 것이 아니요 오직 어떤 견고한 진도 무너뜨리는 하나님의 능력이라 모든 이론을 무너뜨리며 (5) 하나님 아는 것을 대적하여 높아진 것을 다 무너뜨리고 모든 생각을 사로잡아 그리스도에게 복종하게 하니"

부종, 수종병 치유기도

주님,
지금 저는 제 몸에 드리워진 부종의 고통과 무거움 때문에 주님 앞에 섭니다. 흐름을 잃어버린 물길처럼 갇혀버린 체액의 슬픔, 삶의 활력을 앗아간 무거움의 그림자를 주님께 내려놓습니다. 남몰래 삭히던 좌절감과 염려의 그림자를 주님의 빛으로 물리쳐 주옵소서. 주 예수 그리스도의 이름으로 선포합니다. 부종으로 생긴 모든 고통과 염려는 완전히 사라질지어다! 내 몸을 짓누르는 모든 부음과 무거움은 주님의 보혈 아래 완전히 소멸될지어다! 수종병의 막힌 길은 뚫어지고, 흐름을 잃었던 물길은 온전한 균형을 되찾을지어다! 성령의 능력으로, 내 몸의 모든 세포와 조직은, 태초의 건강하고 온전한 상태로, 지금 즉시 회복될지어다! 불필요한 체액은 깨끗하게 정화되어 사라지고, 온전한 평안과 가벼움이 제 삶에 임하게 하옵소서. 이제 저는 무거움 없는 몸으로, 주님이 주신 모든 은혜를, 감사함으로 누리게 될 것을 믿습니다. 제 회복된 건강이 주님의 살아 계심을 간증하는 아름다운 노래가 되게 하옵소서. 예수님의 이름으로 치유기도 드립니다. 아멘.

〈눅 14:2-4, 현대어〉 "마침 그 자리에는 수종병으로 고생하는 사람이 와있었다. 바리새파 사람들은 예수께서 그를 고쳐 주시는가 지켜보고 있었다. (3) 예수께서 거기 둘러서 있는 바리새파 사람들과 율법학자들에게 물으셨다. '안식일에 병을 고치는 것이 옳으냐, 옳지 않으냐?' (4) 그들이 대답을 하지 않자 예수께서는 그 병자에게 손을 얹어 고쳐서 돌려보내셨다."

불면증 치유기도

밤을 지으신 하나님,
이 밤의 고요 속에서도 제 영혼은 깨어 불안에 떨고 있습니다. 잠 못 이루는 이 밤, 주님의 날개 아래에서 쉬기를 원합니다. 무거운 마음의 짐, 끝없는 걱정의 실타래를, 주님의 십자가 앞에 모두 내려놓습니다. 주님, 주님께서 주시는 평안은 세상이 줄 수 없는 참된 안식임을 믿습니다. 주님의 말씀이 제 영혼의 자장가 되어, 모든 불안과 두려움을 잠재워 주옵소서. 예수 그리스도의 이름으로 명하오니, 밤의 평안을 깨뜨리는 모든 어둠의 권세는 떠나갈지어다. 이제 주님의 품 안에서 깊고 달콤한 잠에 듭니다. 내일 아침, 주님의 은혜로 맑은 정신과 새로운 힘을 얻어 깨어나게 하옵소서. 모든 영광과 감사, 찬양을 주님께 올려드립니다. 예수 그리스도의 이름으로 치유기도 드립니다. 아멘.

〈잠 3:24, 개역개정〉 "네가 누울 때에 두려워하지 아니하겠고 네가 누운즉 네 잠이 달리로다"

불치병 치유기도

불가능이 없으신 주님,
지금 제 생명을 갉아먹는 불치병의 깊은 고통과 절망 때문에 주님 앞에 섭니다. 절망의 심연에 갇힌 영혼과 병든 육체를 주님께 올려드립니다. 예수 그리스도의 이름으로 명하노니, 내 몸에 불치병이라는 이름으로 자리 잡은 모든 어둠의 영은, 지금 즉시 묶임을 받고 떠나갈지어다! 생명을 갉아먹는 모든 병의 뿌리는 완전히 소멸될지어다! 사망의 권세는 예수의 이름으로 끊어질지어다! 나사렛 예수의 이름으로 선포합니다. 내 몸의 모든 조직과 장기, 세포 하나하나는 태초의 온전한 상태로 지금 즉시 회복될지어다! 무너진 면역 체계는 다시 강하게 일어설지어다! 어둠의 그림자는 물러가고, 생명의 빛이 가득할지어다! 인간의 지혜와 의술로 고칠 수 없는 모든 질병은, 예수님이 흘리신 보혈의 능력으로 완전히 치유될지어다! 이제 저는 불치병의 사슬에서 완전히 해방되어, 주님이 주신 새로운 생명으로 살게 될 것을 믿습니다. 제 완전한 회복으로, 주님의 이름만이 높임을 받으실 줄 믿습니다. 예수님의 이름으로 치유기도 드립니다. 아멘.

〈렘 32:27, 개역개정〉 "나는 여호와요 모든 육체의 하나님이라 내게 할 수 없는 일이 있겠느냐"

비만 치유기도

자비로우신 하나님,
제 몸을 주님의 거룩한 성전으로 지으시고 생명을 주셔서 감사합니다. 그러나 저는 지금 비만으로 어려움을 겪고 있습니다. 주님의 자비와 긍휼을 구하며, 이 문제를 치유해 주시기를 간절히 기도합니다.

주님, 제가 음식을 절제하지 못하고, 몸을 귀히 여기지 못했던 모든 것을 용서하여 주옵소서. 제 마음을 새롭게 하시고, 음식에 대한 올바른 태도를 가르쳐 주셔서, 이 문제로부터 온전히 벗어나게 하옵소서.

예수님의 이름으로 선포합니다. 내 몸은 성령이 거하시는 거룩한 성전이니, 하나님께서 창조하신 건강한 몸으로 기능이 온전히 회복될지어다. 더 이상 몸에 불필요한 지방이 쌓이지 않을지어다. 신진대사가 정상적으로 작동하고, 건강한 몸무게를 되찾을지어다.

혈압, 혈당 등 모든 건강 수치가 정상으로 돌아올지어다. 마음이 절제하는 마음으로 변화되어, 오직 하나님이 기뻐하시는 건강한 생활 습관을 따를지어다. 탐식의 영과 절제하지 못하는 마음, 음식에 대한 잘못된 욕망과 습관은 끊어질지어다.

오직 주님께서 주시는 힘과 지혜로 건강한 식습관을 갖게 될지어다. 비만으로 생긴 모든 위축감과 절망은 물러갈지어다. 하나님이 창조하신 내 몸의 온전함을 되찾게 될지어다.

저를 다시 온전하게 하시는 주 예수 그리스도의 이름으로 치유기도 드립니다. 아멘.

〈고전 6:19-20, 개역개정〉 "너희 몸은 너희가 하나님께로부터 받은 바 너희 가운데 계신 성령의 전인 줄을 알지 못하느냐 너희는 너희 자신의 것이 아니라 (20) 값으로 산 것이 되었으니 그런즉 너희 몸으로 하나님께 영광을 돌리라"

빈혈, 어지러움 치유기도

주님,
지금 저는 빈혈과 어지러움으로 주님 앞에 섭니다. 생명의 강물이 마르듯 힘을 잃어가는 고통과, 땅이 흔들리는 듯한 불안과 두려움을 주님께 내려놓습니다. 무력감에 드리워진 그림자를 주님의 빛으로 물리쳐 주옵소서. 주 예수 그리스도의 이름으로 선포합니다. 빈혈과 어지러움으로 생기는 모든 고통과 염려는 완전히 사라질지어다! 주님의 보혈로 제 안에 생명의 강물을 가득 채우시어, 약해진 피에 힘과 활력을 더하시고, 온몸에 생명력을 불어넣어 주옵소서. 흔들리는 모든 감각을 바로잡으시고, 땅에 굳건히 설 수 있는 힘을 주옵소서. 성령의 능력으로, 내 몸의 혈액은 태초의 건강하고 온전한 상태로 지금 즉시 회복될지어다! 이제 저는 맑은 정신과 굳건한 몸으로, 주님이 주신 모든 은혜를, 감사함으로 누리게 될 것을 믿습니다. 제 회복된 건강이 주님의 살아 계심을 간증하는 아름다운 노래가 되게 하옵소서. 예수 그리스도의 이름으로 치유기도 드립니다. 아멘.

〈요 6:54, 현대어〉 "그러나 내 살을 먹고 내 피를 마시는 사람은 영원한 생명을 얻을 것이고 내가 그를 마지막 날에 다시 살릴 것이다."

뼈, 관절, 골수, 골다공증 치유기도

창조주 하나님 아버지,
모든 질병으로부터 저를 구원하시고 치유하시는 주님을 찬양합니다. 저는 지금 뼈, 관절, 골수, 골다공증으로 고통받고 있는 이 몸을 하나님의 말씀 앞에 가져갑니다. 제 모든 죄와 불순종을 회개하오니, 예수 그리스도의 보혈로 저를 정결하게 하시고, 제 영혼을 회복시켜 주옵소서.

지금 이 시간, 뼈, 관절, 골다공증, 그리고 골수에 있는 모든 질병의 영과 저주를 예수 그리스도의 이름으로 결박하고 끊어버립니다! 내 뼈와 관절을 공격하는 모든 영적 세력은 예수님의 이름으로 명령하노니, 내 몸에서 떠나갈지어다! 모든 통증과 염증은 사라질지어다!

말씀으로 세상을 창조하신 하나님 아버지, 하나님의 말씀은 생명이요 능력입니다. 이사야 53장 5절에, "그가 채찍에 맞으므로 우리는 나음을 받았도다"라고 하셨으니, 제 뼈와 관절에 있는 모든 질병은 이미 예수님의 십자가에서 해결되었습니다.

그러므로 예수님의 이름으로 명령하노니, 나의 모든 뼈와 관절은 온전하게 회복될지어다. 뼈는 튼튼해지고, 관절은 부드러워지며, 연골은 정상적으로 재생될지어다. 나의 골수는 하나님이 창조하신 본래의 기능대로 건강한 피와 세포를 만들어낼지어다! 골다공증으로 약해진 나의 뼈는 강하게 될지어다! 골밀도는 정상으로 회복되고, 뼛속의 칼슘과 미네랄은 온전하게 채워질지어다! 하나님께서 창조하신 본래의 강건함과 활력을 회복할지어다!

저는 눈에 보이는 증상보다 하나님의 말씀을 믿습니다. 이미 치유되었음을 선포하며, 예수님의 이름으로 치유기도 드립니다. 아멘.

〈잠 3:8, 개역개정〉 "이것이 네 몸에 양약이 되어 네 골수를 윤택하게 하리라"

:: My Prayer

. . . .

. . . .

. . . .

. . . .

. . . .

. . . .

③

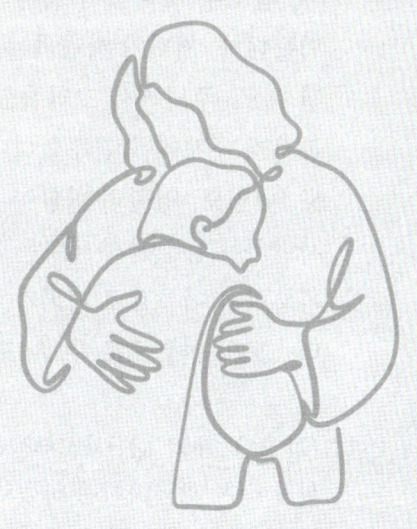

사랑하는 누군가가 아플 때 드리는 치유기도

주님,
저희가 사랑하는 ○○이 아픕니다. 예수 그리스도께서 베푸시는 치유의 은총으로 ○○를 어루만져 주옵소서. ○○를 건강하게 하옵소서. 저희가 주님께 간구합니다. 주님께서는 저희가 사랑하는 ○○에게 생명을 주셨고, ○○의 생명을 되살릴 수 있는 능력도 지니셨습니다. 저희가 ○○를 주님의 친절하시고 사랑 많으신 손에 맡깁니다. 주님께서 돌보시는 한, 땅에서든 하늘에서든, ○○에게 아무런 해도 없으리라는 사실을 저희가 잘 알고 있기 때문입니다. 병든 이들을 치유해 주시는 주님의 능력을 믿습니다. 믿음을 통하여, 창조주 하나님의 엄청난 치유 능력이 재창조를 이룩하실 줄 믿습니다. 저희가 사랑하는 ○○을 주님께 맡깁니다. 성경에 기록된 대로, 주님께서 그러하셨듯이, 주님의 손을 ○○에게 얹어, 회복시켜 주시기를 간구합니다. 예수 그리스도께서는 어제도, 오늘도, 내일도, 영원히 변함이 없으십니다. 주님, 주님께서는 저희가 사랑하는 ○○에게 새로운 건강과 힘을 주실 수 있습니다. 주님의 거룩하신 이름으로 저희가 겸손히, 진정으로 간구합니다. 예수 그리스도의 이름으로 두 손 모아 기도드립니다. 아멘.

〈마 8:8, 개역개정〉 "백부장이 대답하여 이르되 주여 내 집에 들어오심을 나는 감당하지 못하겠사오니 다만 말씀으로만 하옵소서 그러면 내 하인이 낫겠사옵나이다"

사랑하는 누군가를 어루만져 주시기를 간구하는 치유기도

하나님,
하나님의 사랑 가득한 친절하심을 통하여
제가 믿음 가운데 확신합니다.
이제 하나님께서 펼치시는 치유의 손길이
저희가 사랑하는 ○○을 어루만져 주실 것을 믿습니다.
하나님께서는 저희의 관심사를 잘 아십니다.
그러니 하나님을 향한 저희의 사랑도 아시고,
저희가 사랑하는 ○○을
하나님께서 회복시켜 주실 것을
믿고 있다는 사실도 잘 아십니다.
예수 그리스도의 이름으로 간절히 치유기도 드립니다. 아멘.

〈요 11:35-36, 현대어〉 "예수께서는 눈물을 흘리고 계셨다. (36) 그러자 유대인들이 수군거렸다. '저것 좀 보시오. 나사로를 무척 아끼고 사랑했던가 봅니다.'"

생명 연장이 주님의 뜻임을 믿으며
온전히 주님께 맡기는 치유기도

아버지,
제 생명을 온전히 주님께 맡깁니다.
믿음 가운데,
전혀 두려워하지 않겠습니다.
주님의 사랑 많으신 손에
저를 온전히 맡겨드립니다.
그 누구도, 그 무엇도, 그 어떤 해도,
저에게 미칠 수 없습니다.
건강 회복과 생명 연장을 위해 간절히 간구합니다.
그것이 저를 위한 주님의 뜻임을 믿습니다.
그리고 이 신적인 은총으로 말미암아,
제 삶이 끝나는 날까지,
기쁘게 주님을 섬기겠습니다.
예수님의 이름으로 담대히 치유기도 드립니다. 아멘.

〈사 38:16, 개역개정〉 "주여 사람이 사는 것이 이에 있고 내 심령의 생명도 온전히 거기에 있사오니 원하건대 나를 치료하시며 나를 살려 주옵소서"

생명을 선물로 주시는 주님께 드리는 치유기도

하늘에 계신 우리 아버지,
생명을 선물로 주셔서 감사합니다.
주님께서 저를 어루만지셔서,
제가 건강과 온전함과 활기를 되찾게 하옵소서.
삶의 아름다움을 주신 주님께
찬미와 감사를 드립니다.
우리 주 예수 그리스도의 이름으로 치유기도 드립니다. 아멘.

〈사 61:1, 개역개정〉 "주 여호와의 영이 내게 내리셨으니 이는 여호와께서 내게 기름을 부으사 가난한 자에게 아름다운 소식을 전하게 하려 하심이라 나를 보내사 마음이 상한 자를 고치며 포로된 자에게 자유를, 갇힌 자에게 놓임을 선포하며"

선포를 통한 치유기도

주님,
이 시간, 주님의 말씀을 붙잡고, 이제 나는 담대히 선포합니다. 선포한 대로 될지어다!

〈시 118:17, 개역개정〉 "내가 죽지 않고 살아서 여호와께서 하시는 일을 선포하리로다." 이 말씀에 근거하여 이제 나는 담대히 선포합니다. 나는 죽지 않고 살아서 주님께서 행하신 위대하고 강력한 일들을 세계만방에 간증하며 선포할 것입니다.

〈시 139:16, 개역개정〉 "내 형질이 이루어지기 전에 주의 눈이 보셨으며 나를 위하여 정한 날이 하루도 되기 전에 주의 책에 다 기록이 되었나이다." 이 말씀에 근거하여 이제 나는 담대히 선포합니다. 주님은 나에게 운명을 주셨기에, 나는 하나님께서 내 인생 처음부터 정해놓으신 그 모든 운명을 다 이루기 위해 반드시 살 것입니다.

〈벧전 2:24-25, 개역개정〉 "친히 나무에 달려 그 몸으로 우리 죄를 담당하셨으니 이는 우리로 죄에 대하여 죽고 의에 대하여 살게 하려 하심이라 그가 채찍에 맞음으로 너희는 나음을 얻었나니 너희가 전에는 양과 같이 길을 잃었더니 이제는 너희 영혼의 목자와 감독 되신 이에게 돌아왔느니라." 이 말씀에 근거하여 이제 나는 담대히 선포합니다. 예수님은 십자가에서 나의 병을 모두 자신의 몸에 지셨습니다. 그러므로, 내 몸은 암에서 자유롭게 걸을 수 있도록 설계되었습니다.

〈요 6:48, 56-57, 개역개정〉 "내가 곧 생명의 떡이니라 …… 내 살을 먹고 내 피를 마시는 자는 내 안에 거하고 나도 그의 안에 거하나니 살아 계신 아버지께서 나를 보내시매 내가 아버지로 말미암아 사는 것 같이 나를 먹는 그 사람도 나로 말미암아 살리라." 이 말씀에 근거하여 이제 나는 담대히 선포합니다. 내 몸은 성만찬을 받을 때마다 생명을 받습니다. 예수님은 '생명'의 빵입니다.

〈요 14:6, 개역개정〉 "예수께서 이르시되 내가 곧 길이요 진리요 생명이니 나로 말미암지 않고는 아버지께로 올 자가 없느니라." 이 말씀에 근거하여 이제 나는 담대히 선포합니다. 나의 암 치유의 로드맵은 주님 가신 그 길에 답이 있습니다.

〈요삼 1:2, 개역개정〉 "사랑하는 자여 네 영혼이 잘됨같이 네가 범사에 잘되고 강건하기를 내가 간구하노라." 이 말씀에 근거하여 이제 나는 담대히 선포합니다. 내가 건강하게 걷는 것이 바로 하나님의 뜻입니다. 나는 나더러 '살라!'고 하시는, 그리고 건강하게 지내라고 하시는, 하나님의 뜻에 내 뜻을 맞추고 있습니다.

〈출 15:26, 개역개정〉 "이르시되 너희가 너희 하나님 나 여호와의 말을 들어 순종하고 내가 보기에 의를 행하며 내 계명에 귀를 기울이며 내 모든 규례를 지키면 내가 애굽 사람에게 내린 모든 질병 중 하나도 너희에게 내리지 아니하리니 나는 너희를 치료하는 여호와임이라." 이 말씀에 근거하여 이제 나는 담대히 선포합니다. 나의 하나님은 여호와 라파이십니다. 그분은 치료하는 주님이십니다. 그분은 의사가 나를 두고 말하는 것보다 더 강력하십니다.

〈눅 10:19, 개역개정〉 "내가 너희에게 뱀과 전갈을 밟으며 원수의 모든 능력을 제어할 권능을 주었으니 너희를 해칠 자가 결코 없으리라." 이 말씀에 근거하여 이제 나는 담대히 선포합니다. 나는 예수님께서 나에게 위임하신 권능을 부여잡고, 원수의 모든 능력을 제어합니다.

〈시 35:4, 개역개정〉 "내 생명을 찾는 자들이 부끄러워 수치를 당하게 하시며 나를 상해하려 하는 자들이 물러가 낭패를 당하게 하소서." 이 말씀에 근거하여 이제 나는 담대히 선포합니다. 나는 나와 내 몸과 내 건강과 내 사역과 내 가족과 내 재정을 두고 말해 온 모든 저주와 주문과 짜증과 마술과 요술을 깨뜨립니다. 나는 그것을 나사렛 예수 그리스도의 이름으로 '깨뜨립니다!' 그리고 나는 나와 내 가족에 대한 생명과 건강과 성취와 기쁨과 번영의 약속들을 풀어놓습니다.

〈더 8:11, 개역개정〉 "조서에는 왕이 여러 고을에 있는 유다인에게 허락하여 그들이 함께 모여 스스로 생명을 보호하여 각 지방의 백성 중 세력을 가지고 그들을 치려 하는 자들과 그들의 처자를 죽이고 도륙하고 진멸하고 그 재산을 탈취하게 하되." 이 말씀에 근거하여 이제 나는 담대히 선포합니다. 나는 다른 신자들과 함께 모여, 내 생명을 위해 맞섭니다. 나는 나를 공격하기 위해 일어서는 모든 힘을 파괴하고, 죽이고, 소멸시킵니다. 나는 그것들을 사냥감으로 삼습니다.

〈사 54:17, 개역개정〉 "너를 치려고 제조된 모든 연장이 쓸모가 없을 것이라 일어나 너를 대적하여 송사하는 모든 혀는 네게 정죄를 당하리니 이는 여호와의 종들의 기업이요 이는 그들이 내게서 얻은 공의니라 여호와의 말씀이니라." 이 말씀에 근거하여 이제 나는 담대히 선포합니다. 나를 치려고 제조된 어떤 무기도 성공하지 못할 것입니다. 이 병이 적으로부터 온 것이라면, 나는 예수님의 이름으로 '지금' 가라고 명령합니다. 허약의 영아, 예수님의 이름으로 명령하노니, '지금' 떠날지어다!

〈말 3:10-11, 개역개정〉 "만군의 여호와가 이르노라 너희의 온전한 십일조를 창고에 들여 나의 집에 양식이 있게 하고 그것으로 나를 시험하여 내가 하늘 문을 열고 너희에게 복을 쌓을 곳이 없도록 붓지 아니하나 보라 만군의 여호와가 이르노라 내가 너희를 위하여 메뚜기를 금하여 너희 토지 소산을 먹어 없애지 못하게 하며 너희 밭의 포도나무 열매가 기한 전에 떨어지지 않게 하리니." 이 말씀에 근거하여 이제 나는 담대히 선포합니다. 나는 십일조를 하는 남성/여성입니다. 그러므로 나는 주님이 십일조를 하는 이들에게 자신의 약속을 이루어 주시려고 나를 먹어 없애는 것들을 꾸짖고 계신다고 믿습니다. 하나님께서 나와 내 가족과 내 사역을 위해 결실을 보도록 운명지으신 열매가 맺힐 것입니다.

〈시 61:6, 개역개정〉 "주께서 왕에게 장수하게 하사 그의 나이가 여러 대에 미치게 하시리이다." 이 말씀에 근거하여 이제 나는 담대히 선포합니다. 주님은 나의 생명을 연장시켜 주시어, 나의 나이가 여러 대에 미치게 하고 계십니다.

〈시 86:2, 개역개정〉 "나는 경건하오니 내 영혼을 보존하소서 내 주 하나님이여 주를 의지하는 종을 구원하소서." 이 말씀에 근거하여 이제 나는 담대히 선포합니다. 감사합니다, 주님! 주님은 나의 생명을 보존하고 계십니다. 주님은 예수님의 희생 때문에 나를 '거룩하게' 보십니다. 나는 주님을 의지합니다! 주님은 '주님을' 의지하는 '주님의' 종들을 구원하십니다.

〈시 103:1-5, 개역개정〉 "내 영혼아 여호와를 송축하라 내 속에 있는 것들아 다 그의 거룩한 이름을 송축하라 내 영혼아 여호와를 송축하며 그의 모든 은택을 잊지 말지어다 그가 네 모든 죄악을 사하시며 네 모든 병을 고치시며 네 생명을 파멸에서 속량하시고 인자와 긍휼로 관을 씌우시며 좋은 것으로 네 소원을 만족하게 하사 네 청춘을 독수리같이 새롭게 하시는 도다." 이 말씀에 근거하여 이제 나는 담대히 선포합니다. 주님을 송축합니다. 그분의 은택을 기억합니다. 주님은 내 모든 죄악을 사하시며, 내 '모든' 병을 고치셨습니다. 주님은 내 생명을 파멸에서 속량하시고, 인자와 긍휼로 관을 씌워 주셨습니다.

〈시 119:49-50, 개역개정〉 "주의 종에게 하신 말씀을 기억하소서 주께서 내게 소망을 가지게 하셨나이다 이 말씀은 나의 고난 중의 위로라 주의 말씀이 나를 살리셨기 때문이니이다." 이 말씀에 근거하여 이제 나는 담대히 선포합니다. 주님의 말씀을 소망합니다. 주님의 말씀이 나에게 생명을 주십니다.

〈겔 3:1-4, 개역개정〉 "또 그가 내게 이르시되 인자야 너는 발견한 것을 먹으라 너는 이 두루마리를 먹고 가서 이스라엘 족속에게 말하라 하시기로 내가 입을 벌리니 그가 그 두루마리를 내게 먹이시며 내게 이르시되 인자야 내가 네게 주는 이 두루마리를 네 배에 넣으며 네 창자에 채우라 하시기에 내가 먹으니 그것이 내 입에서 달기가 꿀 같더라 그가 또 내게 이르시되 인자야 이스라엘 족속에게 가서 내 말로 그들에게 고하라." 이 말씀에 근거하여 이제 나는 담대히 선포합니다. 나는 사는 날 동안, 날마다 주님의 말씀을 먹습니다. 하나님께서는 교훈으로 나에게 생명을 주셨습니다.

〈겔 16:6, 개역개정〉 "내가 네 곁으로 지나갈 때에 네가 피투성이가 되어 발짓하는 것을 보고 네게 이르기를 너는 피투성이라도 살아 있으라 다시 이르기를 너는 피투성이라도 살아 있으라 하고." 이 말씀에 근거하여 이제 나는 담대히 선포합니다. 주님은 내가 피투성이가 되어 있는 것을 보시고 나에게 말을 걸어 말씀하셨습니다. '살아라!'

〈말 2:5, 개역개정〉 "레위와 세운 나의 언약은 생명과 평강의 언약이라 내가 이것을 그에게 준 것은 그로 경외하게 하려 함이라 그가 나를 경외하고 내 이름을 두려워하였으며." 이 말씀에 근거하여 이제 나는 담대히 선포합니다. 나와 세우신 주님의 언약은 생명과 평강의 언약입니다.

〈행 27:22, 개역개정〉 "내가 너희를 권하노니 이제는 안심하라 너희 중 아무도 생명에는 아무런 손상이 없겠고 오직 배뿐이리라." 이 말씀에 근거하여 이제 나는 담대히 선포합니다. 나는 내 생명에 아무런 손상이 없을 것이기 때문에 용기를 냅니다.

〈롬 4:17, 개역개정〉 "기록된 바 내가 너를 많은 민족의 조상으로 세웠다 하심과 같으니 그가 믿은 바 하나님은 죽은 자를 살리시며 없는 것을 있는 것으로 부르시는 이시니라." 이 말씀에 근거하여 이제 나는 담대히 선포합니다. 주님은 내 몸의 죽은 세포들에 생명을 주십니다. 나는 내 몸의 세포들에 건강을 불러일으켜 살라고 명령합니다.

〈롬 8:6, 개역개정〉 "육신의 생각은 사망이요 영의 생각은 생명과 평안이니라." 이 말씀에 근거하여 이제 나는 담대히 선포합니다. 나는 영적으로 생각합니다. 그러므로, 나에게는 생명과 평안이 있습니다. 여기서 말하는 생명은 예수 그리스도의 생명과 직결되어 있습니다. 하여, 예수 그리스도의 이 생명이 이제 나를 낫게 하실 것입니다. 여기서 말하는 평안도 예수 그리스도의 평안과 직결되어 있습니다. 하여, 예수 그리스도의 이 평안이 이제 나를 쉬게 하실 것입니다.

〈고후 3:6, 개역개정〉 "그가 또한 우리를 새 언약의 일꾼 되기에 만족하게 하셨으니 율법 조문으로 하지 아니하고 오직 영으로 함이니 율법 조문은 죽이는 것이요 영은 살리는 것이니라." 이 말씀에 근거하여 이제 나는 담대히 선포합니다. 하나님의 성령이 내 안에 살면서 내게 생명을 주십니다.

〈갈 2:20-21, 개역개정〉 "내가 그리스도와 함께 십자가에 못 박

했나니 그런즉 이제는 내가 사는 것이 아니요 오직 내 안에 그리스도께서 사시는 것이라 이제 내가 육체 가운데 사는 것은 나를 사랑하사 나를 위하여 자기 자신을 버리신 하나님의 아들을 믿는 믿음 안에서 사는 것이라 내가 하나님의 은혜를 폐하지 아니하노니 만일 의롭게 되는 것이 율법으로 말미암으면 그리스도께서 헛되이 죽으셨느니라." 이 말씀에 근거하여 이제 나는 담대히 선포합니다. 내 안에 그리스도께서 사십니다. 이제 내가 사는 것은 나를 사랑하사 나를 위하여 '자기' 생명을 버리신 하나님의 아들을 믿는 믿음 안에서 사는 것입니다.

〈계 22:14, 개역개정〉 "자기 두루마기를 빠는 자들은 복이 있으니 이는 그들이 생명나무에 나아가며 문들을 통하여 성에 들어갈 권세를 받으려 함이로다." 이 말씀에 근거하여 이제 나는 담대히 선포합니다. 나는 '주님의' 계명을 행하기에 생명나무에 이를 권리가 있습니다.

〈사 58:8, 개역개정〉 "그리하면 네 빛이 새벽같이 비칠 것이며 네 치유가 급속할 것이며 네 공의가 네 앞에 행하고 여호와의 영광이 네 뒤에 호위하리니." 이 말씀에 근거하여 이제 나는 담대히 선포합니다. 주님의 치유가 갑자기 급속하게 일어날 것입니다.

〈잠 3:7-8, 개역개정〉 "스스로 지혜롭게 여기지 말지어다 여호와를 경외하며 악을 떠날지어다 이것이 네 몸에 양약이 되어 네 골수를 윤택하게 하리라." 이 말씀에 근거하여 이제 나는 담대히 선포합니다. 주님을 경외하는 것이 내 몸에 양약이 되어 내 골수를 윤택하게 합니다.

〈잠 4:20-22, 개역개정〉 "내 아들아 내 말에 주의하며 내가 말하는 것에 네 귀를 기울이라 그것을 네 눈에서 떠나게 하지 말며 네 마음속에 지키라 그것은 얻는 자에게 생명이 되며 그의 온 육체의 건강이 됨이니라." 이 말씀에 근거하여 이제 나는 담대히 선포합니다. 나는 하나님의 말씀에 주의하겠습니다. 나는 '그분이' 말씀하시는 것에 귀를 기울이겠습니다. 그것들이 내 눈에서 떠나지 않을 것입니다. 나는 그것들을 내 마음속에 지키겠습니다. 그것들이 나에게 생명이 되고 내 육체에 건강이 되기 때문입니다.

〈사 38:16, 개역개정〉 "주여 사람이 사는 것이 이에 있고 내 심령의 생명도 온전히 거기에 있사오니 원하건대 나를 치료하시며 나를 살려 주옵소서." 이 말씀에 근거하여 이제 나는 담대히 선포합니다. 주님은 나를 낫게 해주시고 살려 주실 것입니다.

〈욘 2:6, 개역개정〉 "내가 산의 뿌리까지 내려갔사오며 땅이 그 빗장으로 나를 오래도록 막았사오나 나의 하나님 여호와여 주께서 내 생명을 구덩이에서 건지셨나이다." 이 말씀에 근거하여 이제 나는 담대히 선포합니다. 주님은 내 생명을 구덩이에서 건지셨습니다.

〈딤전 4:8, 개역개정〉 "육체의 연단은 약간의 유익이 있으나 경건은 범사에 유익하니 금생과 내생에 약속이 있느니라." 이 말씀에 근거하여 이제 나는 담대히 선포합니다. 나에게는 '금생'과 내생에 약속이 있습니다. 이 약속은 결코 파기된 적이 없습니다. 나는 이 약속을 붙잡고 오늘도 담대하게 나아갑니다.

〈벧후 1:3, 개역개정〉 "그의 신기한 능력으로 생명과 경건에 속한 모든 것을 우리에게 주셨으니 이는 자기의 영광과 덕으로써 우리를 부르신 이를 앎으로 말미암음이라." 이 말씀에 근거하여 이제 나는 담대히 선포합니다. 주님은 신기한 능력으로 생명과 경건에 속한 '모든' 것을 나에게 주셨습니다.

〈신 30:19-20, 개역개정〉 "내가 오늘 하늘과 땅을 불러 너희에게 증거를 삼노라 내가 생명과 사망과 복과 저주를 네 앞에 두었은즉 너와 네 자손이 살기 위하여 생명을 택하고 네 하나님 여호와를 사랑하고 그의 말씀을 청종하며 또 그를 의지하라 그는 네 생명이시오 네 장수이시니 여호와께서 네 조상 아브라함과 이삭과 야곱에게 주리라고 맹세하신 땅에 네가 거주하리라." 이 말씀에 근거하여 이제 나는 담대히 선포합니다. 나는 오늘도 다시 선택할 수 있는 특권을 행사합니다. 이에 따라서, 나는 사망이 아닌 생명을 선택합니다. 나는 저주 아래서가 아니라 축복 안에서 걸어갑니다.

〈요 10:10, 개역개정〉 "도둑이 오는 것은 도둑질하고 죽이고 멸망시키려는 것뿐이요 내가 온 것은 양으로 생명을 얻게 하고 더 풍성히 얻게 하려는 것이라." 이 말씀에 근거하여 이제 나는 담대히 선포합니다. 예수님께서 나로 생명을 얻게 하고 더 풍성히 얻게 하려고 오셨습니다. 그러므로, 나는 생명을 충분히 더 풍성히 누리기로 선택합니다.

〈눅 1:45, 개역개정〉 "주께서 하신 말씀이 반드시 이루어지리라고 믿은 그 여자에게 복이 있도다." 이 말씀에 근거하여 이제 나는 담대히 선포합니다. 나는 주님께서 '자신이' 말씀하신 대로 하시리라 믿습니다. 하여, 나는 이 시간 하늘 아래 가장 복 있는 사람입니다.

이 모든 말씀, 우리 주 예수 그리스도의 이름으로 치유기도 드립니다. 아멘.

〈시 118:17, 개역개정〉 "내가 죽지 않고 살아서 여호와께서 하시는 일을 선포하리로다"

성경 말씀을 통한 치유기도

하나님,
태초에 말씀을 주셔서 감사합니다. 아파보니, 별별 치료 다 있어도, 말씀 치료가 최고인 것을 알았습니다. 말씀이 답이었습니다. 이제야 안 것이 부끄럽습니다. 송충이는 솔잎을 먹고 살아야 하듯이, 저도 말씀을 먹고 살았어야 했는데, 이제야 정신을 차린 게 너무너무 죄송합니다. 이제부터라도 말씀의 궤도를 이탈하지 않게 도와주옵소서. 하나님의 말씀을 그대로 믿게 하옵소서. 성경 말씀을 읽으며 먹으며 씹으며 삼키며 치유에 대한 확증을 구하게 하옵소서. 하나님의 말씀을 상징이나 신화로, 그 당시에만 있었던 것으로 말씀으로, 선반 위에 올려놓지 말게 하옵소서. 하나님의 말씀은 살아 있고 활력이 있어, 좌우에 날 선 어떤 검보다도 예리하여, 혼과 영과 및 관절과 골수를 찔러 쪼개기까지 하며, 또 마음의 생각과 뜻을 판단하나니, 지으신 것이 하나도 그 앞에 나타나지 않음이 없고, 우리의 결산을 받으실 이의 눈앞에 만물이 벌거벗은 것 같이 드러나게 하옵소서. 하나님의 말씀으로 나는 이제 치유되었다, 가슴 뜨겁게 확증을 주신, 우리 구주 예수 그리스도의 이름으로 치유기도 드립니다. 아멘.

〈눅 1:45, 개역개정〉 "주께서 하신 말씀이 반드시 이루어지리라고 믿은 그 여자에게 복이 있도다"

성경의 약속을 통한 치유기도

주님,
약속의 말씀을 붙잡게 하옵소서. 그 어떤 약속보다 하나님께서 약속하시는 것을 붙잡고 늘어지게 하옵소서. 치유의 길은 거기에 있음을 온몸으로 깨달아 알게 하옵소서. 특히 시편 72편 15절에 약속하신 것처럼, 제가 오래오래 살게 하옵소서. 가장 하고 싶은 일을 하면서, 주님 주신 사명을 다 이루게 하옵소서. 저를 위해 드리는 기도가 늘 끊이지 않게 하옵소서. 하나님께서 내리시는 복이 제 위에 늘 깃들이게 하옵소서. 그리고 요한복음 15장 7절에 약속하신 것처럼, 제가 주님 안에 거하고, 주님 말씀이 제 안에 거하게 하옵소서. 그리고 무엇이든지 원하는 대로 구하게 하옵소서. 그리하면 약속하신 대로 다 이루어질 것을 믿습니다. 무엇보다 하나님의 약속은 결코 파기된 적이 없음을 성경에서 똑똑히 보게 하옵소서. 고린도후서 1장 20절에 약속하신 것처럼, 하나님의 약속은 얼마든지 그리스도 안에서 예가 되니, 그런즉 그로 말미암아 제가 아멘 하여, 하나님께 영광을 돌리게 하옵소서. 예, 주님, 반드시 치유될 것을 믿습니다. 아니, 이미 치유되었습니다. 하나님의 약속을 담대하게 붙잡고 늘어지며, 예수님의 이름으로 치유기도 드립니다. 아멘.

〈고후 1:20, 개역개정〉 "하나님의 약속은 얼마든지 그리스도 안에서 예가 되니 그런즉 그로 말미암아 우리가 아멘 하여 하나님께 영광을 돌리게 되느니라"

성령님이 내 아픈 몸을 다시 살리실 것을 믿는 치유기도

성령님,
성령님은 예수님을 죽은 자 가운데서 다시 살리신
하나님의 영이십니다.
그 성령님이 지금 제 속에 계십니다.
하나님께서는 제 속에 계시는 성령님을 통하여,
제가 죽은 후에도 제 썩을 몸을 다시 살리실 것입니다.
아니, 죽은 후에만이 아니라,
성령님이 지금 당장
제 아픈 몸을 다시 살리실 것을 믿습니다.
성령님, 일하시옵소서.
지금 불로, 불로, 제 몸속에서 들어오셔서,
제 몸속 나쁜 암세포를 사멸시켜 주옵소서.
그리고 예수님의 세포로,
제 몸속 좋은 세포를
다시 살려주옵소서.
다시 살려주옵소서.
다시 살려주옵소서.
예수님의 이름으로 치유기도 드립니다. 아멘.

〈롬 8:11, 개역개정〉 "예수를 죽은 자 가운데서 살리신 이의 영이 너희 안에 거하시면 그리스도 예수를 죽은 자 가운데서 살리신 이가 너희 안에 거하시는 그의 영으로 말미암아 너희 죽을 몸도 살리시리라"

성만찬예식을 통한 치유기도

주님,
이것은 주님께서 십자가에 달려,
저희를 위하여 찢기신 몸과,
저희를 위하여 흘리신 피입니다.
이 성만찬예식에 참여할 때,
저희 몸이 완전히 치유되고,
저희 피가 완전히 새로워집니다.
모든 암세포가 사멸되고,
질병이 완치되고,
걱정이 사라지고,
관계가 회복되고,
앞날이 활짝 열립니다.
예수님의 이름으로 선포하며, 치유기도 드립니다. 아멘.

〈고전 10:16, 개역개정〉 "우리가 축복하는 바 축복의 잔은 그리스도의 피에 참여함이 아니며 우리가 떼는 떡은 그리스도의 몸에 참여함이 아니냐"

셀리악병 치유기도

생명의 양식을 주관하시는 주님,
곡식이 독이 되는 아픔, 내 안의 작은 전쟁으로, 고통받는 몸을 주님께 드립니다. 생명의 양식이 아픔의 칼날이 되어, 상처 입은 내장을 불쌍히 여겨 주옵소서. 주님, 주님의 평화로 제 안의 모든 싸움을 멈추어 주옵소서. 마른 강물 같던 내장을 주님의 생명 가득한 물로 적셔주시고, 상한 모든 것을 치유의 빛으로 어루만져 주옵소서. 음식이 다시 기쁨과 감사의 양식이 되게 하옵소서. 이 모든 어려움 속에서도, 주님의 손길이 빚어낸 온전한 양식으로 저를 채워 주시고, 제 몸이 주님의 온전한 사랑 안에서 참된 안식을 누리게 하옵소서. 온전한 회복을 주실 주님께 감사드리며, 예수 그리스도의 이름으로 치유기도 드립니다. 아멘.

〈요 6:35, 개역개정〉 "예수께서 이르시되 나는 생명의 떡이니 내게 오는 자는 결코 주리지 아니할 터이요 나를 믿는 자는 영원히 목마르지 아니하리라"

소화기계통 치유기도

모든 것을 온전하게 하시는 하나님,
제 마음과 몸의 가장 깊은 곳에서 주님의 이름을 찬양합니다. 지금 저는 소화의 강물이 막혀 흐르지 못하고, 생명의 양식이 제대로 흡수되지 못하는 고통 가운데 주님 앞에 섭니다. 위와 장을 짓누르는 통증의 그림자, 더부룩함과 소화불량의 무거운 짐을 주님께 내려놓습니다. 주 예수 그리스도의 이름으로 선포합니다. 내 위장 계통에 자리 잡은 모든 막힘과 염증은 완전히 사라질지어다! 더부룩함의 영은 완전히 무력화될지어다! 위장 계통의 모든 고통과 기능 부전은 주님의 보혈 아래 완전히 치유될지어다! 성령의 능력으로, 내 위와 장과 모든 소화기관의 세포와 조직은 태초의 건강하고 온전한 상태로 지금 즉시 회복될지어다! 소화의 강물은 막힘없이 흐르고, 흡수의 땅은 풍요로운 생명력을 되찾을지어다! 이제 저는 기쁨으로 음식을 먹고, 온전한 영양을 누리게 될 것을 믿습니다. 제 회복된 건강과 평안이 주님의 살아 계심을 간증하는 아름다운 노래가 되게 하옵소서. 예수 그리스도의 이름으로 치유기도 드립니다. 아멘.

〈신 8:3, 개역개정〉 "너를 낮추시며 너를 주리게 하시며 또 너도 알지 못하며 네 조상들도 알지 못하던 만나를 네게 먹이신 것은 사람이 떡으로만 사는 것이 아니요 여호와의 입에서 나오는 모든 말씀으로 사는 줄을 네가 알게 하려 하심이니라"

손, 발, 손목, 발목, 손가락, 발가락 치유기도

생명을 섬세하게 빚으신 하나님,
제 마음과 몸의 가장 깊은 곳에서 주님의 이름을 찬양합니다. 지금 저는 손과 발, 손목과 발목, 손가락과 발가락에 드리워진 고통과 연약함 때문에 주님 앞에 섭니다. 굳어진 손가락의 슬픔과, 한 걸음 떼기 힘든 발의 고통, 삶의 활력을 앗아간 통증의 그림자를 주님께 내려놓습니다. 남몰래 삭히던 좌절감과 염려의 그림자를 주님의 빛으로 물리쳐 주옵소서. 주 예수 그리스도의 이름으로 선포합니다. 손과 발, 손목과 발목에 자리 잡은 모든 통증과 염증은 완전히 사라질지어다! 굳어진 뼈마디와, 약해진 근육, 신경의 문제는 주님의 보혈 아래 깨끗이 소멸될지어다! 내 몸의 모든 움직임에 자유와 활력이 임할지어다! 성령의 능력으로, 내 몸의 모든 관절과 근육은 태초의 건강하고 온전한 상태로 지금 즉시 회복될지어다! 이제 저는 고통 없는 손으로 주님을 섬기고, 고통 없는 발로 주님의 길을 힘차게 걸어가게 될 것을 믿습니다. 제 회복된 건강이 주님의 살아 계심을 간증하는 아름다운 노래가 되게 하옵소서. 예수 그리스도의 이름으로 치유기도 드립니다. 아멘.

〈막 3:1-5, 현대어〉 "예수께서 다시 회당에 들어가셨다. 그곳에는 마침 한쪽 손이 오그라든 사람이 와 있었다. (2) 그날이 안식일이었으므로 예수를 미워하는 사람들은 예수께서 그 사람을 어떻게 하실 것인가를 눈여겨 지켜보고 있었다. 만일 그 사람을 고쳐 주신다면 예수를 고소할 속셈이었다. (3) 예수께서는 그 사람에게 '일어나 이 앞으로 나오너라' 하고 말씀하신 뒤 (4) 사람들을 향해 '안식일에 착한 일을 하는 것이 옳으냐, 남을 해치는 일을 하는 것이 옳으냐? 안식일에 사람을 살리는 것이 옳으냐, 죽이는 것이 옳으냐?' 하고 물으셨다. 그러나 아무도 대답하는 사람이 없었다. (5) 예수께서는 그들의 마음이 굳어져 있는 것을 탄식하시며 그 주위를 둘러보신 다음 그 사람에게 '네 손을 펴라' 하고 말씀하셨다. 그 사람이 손을 펴자, 그의 손은 전처럼 완전히 회복되었다."

수면장애 치유기도

피곤한 영혼에게 참된 안식을 주시는 하나님,
밤마다 잠들지 못하고 불안과 염려 속에 뒤척이는 저를 주님께 내려놓습니다. 제 마음을 어지럽히는 모든 걱정과 잡념들을 주님 앞에 고백합니다. 주님, 제 육체와 영혼에 깊은 안식의 은혜를 허락해 주옵소서. 곤한 몸이 편안히 쉬게 하시고, 제 마음의 모든 소란을 잠재워 주옵소서. 제가 잠든 동안에도 주님께서 저를 지켜주심을 믿으며, 주님의 품 안에서 깊은 잠에 들게 하옵소서. 오늘 밤, 제 잠을 방해하는 모든 것을 주님의 능력으로 묶어 주옵소서. 이 밤을 온전히 주님께 맡깁니다. 예수님의 이름으로 치유기도 드립니다. 아멘.

〈시 127:2, 개역개정〉 "너희가 일찍이 일어나고 늦게 누우며 수고의 떡을 먹음이 헛되도다 그러므로 여호와께서 그의 사랑하시는 자에게는 잠을 주시는도다"

수술 전 치유기도

생명을 주관하시는 하나님,
새로운 생명을 창조하신 주님의 놀라운 권능이 지금 수술을 앞둔 사랑하는 저에게 임하게 하옵소서. 빛으로 어둠을 몰아내시고, 말씀으로 모든 것을 창조하신 주님의 능력 앞에, 병마는 이미 아무것도 아님을 선포합니다. 예수 그리스도의 이름으로 명하노니, 이 몸에 있는 모든 병든 세포와 조직은 사라질지어다! 주님의 보혈이 흐르는 곳마다 깨끗하게 치유되고 온전케 될지어다! 수술 칼날을 잡는 의료진의 손길 위에 주님의 지혜와 명철을 부으사, 그들의 손을 통해 주님의 치유하시는 역사가 온전히 나타나게 하옵소서. 두려움과 불안의 영은 떠나가고, 오직 주님께서 주시는 평강과 담대함으로 마음을 가득 채워 주옵소서. 수술의 모든 과정이, 주님의 인도하심 아래, 순적하게 진행될 것을 믿음으로 선포합니다. 수술 후에도 놀라운 회복과 치유를 허락하시어, 주님의 영광을 찬양하게 하옵소서. 살아 계신 예수 그리스도의 이름으로 수술기도를 드립니다. 아멘.

〈시 23:4, 개역개정〉 "내가 사망의 음침한 골짜기로 다닐지라도 해를 두려워하지 않을 것은 주께서 나와 함께 하심이라 주의 지팡이와 막대기가 나를 안위하시나이다"

수술 후 치유기도

생명의 주님,
수술의 험한 파도를 넘어, 새로운 땅에 발을 딛게 하심에, 온 마음 다해 찬양합니다. 차가운 메스가 지나간 자리마다, 주님의 따뜻한 손길이 닿으사, 파열된 혈관은 생수로 채워지고, 찢어진 조직은 빛으로 꿰매어지게 하옵소서. 예수 그리스도의 이름으로 명하노니, 수술 부위의 모든 통증과 염증은 사라질지어다! 손상된 모든 세포와 조직은 주님의 말씀에 따라 온전하게 회복될지어다! 주님의 생기가 온몸에 충만히 흘러, 기력을 되찾게 될지어다! 다시 일상으로 돌아가는 모든 과정이, 기쁨과 감사로 가득 차게 될지어다! 고통의 먹구름은 걷히고, 회복의 햇살이 온몸을 감싸, 가장 깊은 곳까지 깨끗하게 하시고, 새 힘으로 충만하게 하옵소서. 이제 주님의 기적이 된 이 몸, 다시 일어서 걸어갈 때마다, 주님의 영광을 노래하는 아름다운 간증이 되게 하옵소서. 저에게 새 생명을 주신 예수 그리스도의 이름으로 수술 감사기도를 드립니다. 아멘.

〈시 30:2, 개역개정〉 "여호와 내 하나님이여 내가 주께 부르짖으매 나를 고치셨나이다"

수술을 마치고 나서 드리는 치유기도

주님,
이렇게 성공적으로 수술을 마치게 해주시니 감사합니다. 수술 중에도, 의사 선생님과, 관련된 모든 이들을 주님의 영으로 인도해주시고, 천군 천사의 호위를 받게 해주신 것을 생각할 때, 무한감사를 드립니다. 지금 제 마음은, 광야와 메마른 땅이 기뻐하며, 사막이 백합화같이 피어 즐거워하는 것과 같습니다. 이렇게 새 삶을 얻게 하셨으니, 이제부터는 세월을 허송하지 않고, 아침 해처럼 돋는 햇빛이 되게 하옵소서. 속히 맥 풀린 손이 힘을 쓰고, 떨리는 무릎이 굳세어지고, 두려워하던 마음이 다 사라지게 하옵소서. 온전히 회복시키시는 예수님의 이름으로 치유기도 드립니다. 아멘.

〈사 58:8, 개역개정〉 "그리하면 네 빛이 새벽같이 비칠 것이며 네 치유가 급속할 것이며 네 공의가 네 앞에 행하고 여호와의 영광이 네 뒤에 호위하리니"

수술을 앞두고 드리는 치유기도

주님,
제가 수술을 앞두고 눈을 들어 산을 봅니다. '나의 도움이 어디서 오는가?' 제 도움은 하늘과 땅을 지으신 주님에게서 오는 것을 확실히 믿습니다. 주님께서는 제가 인생의 헛발을 디디지 않게 지켜 주십니다. 저를 지키시느라 졸지도 않으시고 주무시지도 않으십니다. 주님은 저를 지키시는 분, 주님은 제 오른편에 서서, 저를 보호하는 그늘이 되어주시니, 낮의 해도 저를 해치지 못하며, 밤의 달도 저를 해치지 못할 것입니다. 주님, 수술을 집도하는 의사 선생님과, 관련된 모든 이들에게, 성령의 능력을 갑절이나 주시어, 성공적으로 수술을 마칠 수 있도록 도와주옵소서. 모든 어려움에서 돌보아 주시고, 제 생명을 지켜 주옵소서. 수술실에 들어갈 때부터 나올 때까지, 천군 천사들의 강력한 보호를 받게 하옵소서. 이제부터 영원까지 지켜 주실 예수님의 이름으로 치유기도 드립니다. 아멘.

〈말 4:2, 개역개정〉 "내 이름을 경외하는 너희에게는 공의로운 해가 떠올라서 치료하는 광선을 비추리니 너희가 나가서 외양간에서 나온 송아지같이 뛰리라"

시각화 묵상을 통하여 완치를 확신하는 치유기도

주님,
마가복음 11장 24절, 주님께서 직접 주신 말씀을, 제 입술에 담대히 넣어 주시니 감사합니다. "그러므로 내가 너희에게 말하노니 무엇이든지 기도하고 구하는 것은 받은 줄로 믿으라 그리하면 너희에게 그대로 되리라." 저는 지금 이 말씀을 믿음으로 고백하며 기도합니다.

주님, 저는 이미 완전히 치유되었습니다. 폐암 4기, 뇌종양, 녹내장, 세포독성주사 부작용과 임상신약 부작용으로부터 제가 겪고 있는 고통은 이제 모두 사라졌습니다.

암은 제 몸에서 완전히 사라졌습니다. 제 폐는 깨끗하고 건강하며, 암세포 하나 남지 않았습니다. 뇌는 온전히 회복되었고, 종양은 모두 사라졌습니다. 제 눈은 건강하게 회복되었고, 녹내장 때문에 실명이 될까 걱정했던 시각 장애는 이제 완전히 사라지고, 선명한 시력을 회복했습니다.

세포독성주사 부작용과 임상신약의 부작용은 더 이상 저를 괴롭히지 않으며, 치료의 모든 과정은 제 몸을 더욱 강하게 회복시키고 있습니다. 모든 부작용과 피로는 떠나갔고, 저는 이제 더 이상 그 어떤 부정적인 영향을 받지 않습니다.

주님, 이 시간 이 자리, 저는 이제 믿음으로 담대히 선포합니다. 재발과 내성과 전이에 대한 두려움과 스트레스는 이제 제 마음에서 사라졌습니다. 암은 다시 돌아오지 않으며, 전이와 내성은 존재하지 않습니다. 두려움과 걱정은 더 이상 저를 지배하지 않으며, 저는 평안과 믿음으로 나아갑니다.

저는 지금 이 순간을 믿음으로 시각화하며, 모든 수치가 정상으로 돌아오고 있음을 확신합니다. 제 신장의 크레아틴 수치는 완전히 정상화되었고, 제 몸의 모든 수치는 건강한 상태로 돌아왔습니다. 제 몸과 마음과 영과 혼은 전인적으로 치유되어 완전히 깨끗해졌습니다.

주님, 제 몸의 모든 세포는 이제 건강하고, 전신이 강하고 활력 넘치며 회복되었습니다. 제 심장은 강하고 규칙적으로 뛰며, 모든 장기들이 완전히 건강하게 기능하고 있습니다.

저는 완전히 치유된 모습을 마음속으로 그리며, 그것을 이미 이루어진 일처럼 확신합니다. 제 몸과 마음과 영과 혼이 주님의 치유로 통합적으로 회복되었습니다. 저는 완전히 치유된 상태에 있습니다. 모든 병과 고통은 물러가고, 저는 주님의 은혜로 완치된 사람입니다.

주님, 이제 두려움과 불안은 제게 더 이상 찾아오지 않습니다. 저는 이미 치유된 존재임을 믿으며, 날마다 감사와 기쁨으로 살겠습니다.

저는 완전히 나았습니다. 저는 치유되었습니다. 저는 완치되었습니다. 저는 훨훨 날아다니게 되었습니다. 저는 이제 진짜 제가 하고 싶은 것을 하면서, 기쁘게 기쁘게 살아갑니다.

저는 이제 전 세계에 간증하며 다니게 되었습니다. 제가 주님께 기도하고 구한 것을 이미 받은 줄로 믿었더니, 놀랍게도 저에게 그대로 되었습니다.

주님, 주님의 능력과 사랑으로, 저를 완전히 치유해 주시니 너무 너무 감사합니다. 이 모든 것이 이미 이루어졌음을 시각화하며, 완치된 제 모습을 담대히 선포합니다.

주님, 주님, 더욱 세게 일하시옵소서! 주님, 주님, 더욱 깊이 일하시옵소서! 예수님의 이름으로 치유기도 드립니다. 아멘.

〈막 11:24, 개역개정〉 "그러므로 내가 너희에게 말하노니 무엇이든지 기도하고 구하는 것은 받은 줄로 믿으라 그리하면 너희에게 그대로 되리라"

시련과 질병으로 괴로울 때도 감사를 드리는 치유기도

주님,
제가 시련과 질병으로 괴로울 때도 기뻐하겠습니다.
주님 안에서 강하고 담대해지겠습니다.
날마다 하나님께 감사를 드리겠습니다.
그 아들 우리 주 예수 그리스도께 감사를 드리겠습니다.
그리고 성령님께 감사를 드리겠습니다.
이 하찮은 종을 책임지시려고,
제가 아직 살아 있을 때
하나님 나라가 제 것이 되게 하시려고,
하나님께서 크신 은혜로 제게 보내 주신
성령님께 감사를 드리겠습니다.
예수님의 이름으로 치유기도 드립니다. 아멘.

〈시 106:1, 개역개정〉 "할렐루야 여호와께 감사하라 그는 선하시며 그 인자하심이 영원함이로다"

식습관에 문제가 생겼을 때 드리는 치유기도

전능하신 하나님 아버지,
최근에 저는 항상 저에게 가장 좋은 음식이 아닌 음식을 선택했습니다. 그것이 제 몸의 느낌에 영향을 미쳤습니다. 하나님께서 주신 모든 훌륭한 음식을 상기시켜 주옵소서. 제 몸을 더 잘 돌볼 수 있는 지혜를 주옵소서! 성령님, 강하게 더 강하게 일하시옵소서. 주 예수의 이름으로 명하노니, 이 모든 나쁜 식습관은 깨끗이 치유될지어다. 베드로전서 2장 24절 말씀대로, 주께서 채찍에 맞으실 때, 내 나쁜 식습관은 이미 치유되었음을 믿음으로 선포합니다. 믿음대로 될지어다. 예수님의 이름으로 치유기도 드립니다. 아멘.

〈히 12:11, 개역개정〉 "무릇 징계가 당시에는 즐거워 보이지 않고 슬퍼 보이나 후에 그로 말미암아 연단 받은 자들은 의와 평강의 열매를 맺느니라"

신경증 치유기도

혼돈을 질서로 바꾸시는 주님,
끝없이 맴도는 생각의 덫에 갇힌 이 마음을 주님께 드립니다. 보이지 않는 사슬에 묶여, 자유를 잃은 제 영혼의 항구를 불쌍히 여겨 주옵소서. 주님, 이 어지러운 마음의 미로에 평화의 닻을 내려주옵소서. 불안과 두려움의 파도를 잠재우시고, 끝없는 걱정의 굴레에서 저를 풀어주옵소서. 주님이 거하시는 고요함의 그늘 아래서, 참된 안식을 누리게 하옵소서. 이제 이 무거운 짐을 주님의 손에 맡겨드립니다. 끊어진 사슬의 소리를 듣게 하시고, 맑고 깨끗한 생각으로 가득 찬 새로운 영혼을 허락하여 주옵소서. 온전한 자유와 평안을 누리게 하실 것을 믿습니다. 제 마음을 새롭게 하실 주님께 감사드리며, 예수 그리스도의 이름으로 치유기도 드립니다. 아멘.

〈시 23:2-3, 개역개정〉 "그가 나를 푸른 풀밭에 누이시며 쉴 만한 물 가로 인도하시는도다 (3) 내 영혼을 소생시키시고 자기 이름을 위하여 의의 길로 인도하시는도다"

신경퇴행성 질환 치유기도

창조의 숨결로 만물을 새롭게 하시는 주님,
서서히 시들어가는 생명의 꽃과, 점점 희미해지는 제 영혼의 빛을 주님께 드립니다. 무너져가는 몸, 성에 갇힌 영혼의 고통, 잃어버린 시간의 조각들을 불쌍히 여겨 주옵소서. 주님, 이 모든 혼란과 고통의 순간에, 흔들리지 않는 반석이 되어주옵소서. 무너져가는 육신 속에서도, 영혼의 등불은 더욱 밝아지게 하옵소서. 제 마음 속, 고요한 평화의 강이 흐르게 하옵소서. 곁에서 지켜보는 이들의 애통함까지도, 주님의 사랑으로 감싸주옵소서. 이 모든 여정을 함께하여 주옵소서. 비록 육신은 쇠할지라도, 주님 안에서 영원한 소망을 발견하게 하옵소서. 온전케 하시는 주님의 손길을 믿으며, 예수 그리스도의 이름으로 치유기도 드립니다. 아멘.

〈고후 4:16, 개역개정〉 "그러므로 우리가 낙심하지 아니하노니 우리의 겉사람은 낡아지나 우리의 속사람은 날로 새로워지도다"

신장병 치유기도

생명의 샘이신 하나님,
지금 이 순간, 제 신장을 주님께 올려드립니다. 생명의 물을 정화하는 이 신장이, 본래의 온전함을 잃고 약해져 있습니다. 주님의 말씀은 살아 있어, 제 모든 세포와 조직에 스며들어, 더러움을 깨끗하게 씻어내는 정화수가 됨을 믿습니다. 망가진 세포들은 회복되고, 굳어진 조직들은 부드러워지게 하옵소서. 두려움과 고통을 일으키는 모든 세력은, 예수 그리스도의 이름으로 사라질지어다. 주님께서 채찍에 맞으심으로, 제 신장이 이미 치유되었음을 믿고 선포합니다. 주님의 온전한 회복과 평안이 제 몸에 임하여, 생명의 샘이 다시금 맑고 힘차게 흐르게 하옵소서. 주님께서 주시는 새 신장으로, 새로운 삶을 살게 하실 것을 믿으며 감사드립니다. 모든 영광을 주님께 올려드립니다. 예수 그리스도의 이름으로 치유기도 드립니다. 아멘.

〈잠 14:27, 개역개정〉 "여호와를 경외하는 것은 생명의 샘이니 사망의 그물에서 벗어나게 하느니라"

신장염, 신장결석, 크레아틴 수치 치유기도

자비로우신 하나님,
제 신장을 창조하시고, 생명을 유지하게 하신 은혜에 감사드립니다. 그러나 지금 신장병, 신장염, 신장결석과 같은 여러 문제로 고통받고 있습니다. 주님의 자비와 긍휼을 구하며, 이 모든 문제를 치유해 주시기를 간절히 기도드립니다. 주님, 제 신장에 치유의 손길을 얹어 주옵소서. 예수님의 이름으로 명령하노니, 신장염으로 생긴 모든 염증은 사라질지어다. 신장은 정상적인 기능을 회복하여 깨끗하게 될지어다. 신장결석은 예수님의 이름으로 녹아 사라질지어다. 아무런 고통 없이 배출될지어다. 크레아틴 수치를 포함한 모든 신장 관련 수치가 정상으로 돌아와, 하나님께서 창조하신 본래의 건강한 상태를 회복할지어다. 하나님께서는 모든 것을 새롭게 하시는 분임을 믿습니다. 예수님께서 채찍에 맞으심으로 우리가 나음을 얻었으니, 제 몸의 신장도 이미 완벽하게 치유되었음을 믿고 선포합니다. 예수 그리스도의 이름으로 치유기도 드립니다. 아멘.

〈시 103:2-3, 개역개정〉 "내 영혼아 여호와를 송축하며 그의 모든 은택을 잊지 말지어다 (3) 그가 네 모든 죄악을 사하시며 네 모든 병을 고치시며"

심근경색, 협심증, 뇌경색, 뇌출혈 치유기도

생명의 근원이신 하나님,
지금 이 순간, 제 몸의 심장과 뇌를 주님께 올려드립니다. 생명의 강물이 흘러야 할 혈관들이 좁아지고 막혀, 고통과 두려움으로 신음하고 있습니다. 하지만 저는 믿습니다. 주님의 말씀은 살아 있어, 모든 혈관을 뚫고 지나가는 능력의 빛임을 믿습니다. 예수 그리스도의 이름으로 명령하노니, 굳어진 찌꺼기들은 녹아내리고, 막힌 곳은 뚫리며, 약한 곳은 강하게 될지어다. 심근경색, 협심증, 뇌경색, 뇌출혈의 모든 증상들은 예수 그리스도의 이름으로 사라질지어다. 주님께서 채찍에 맞으심으로, 이미 제 모든 심뇌혈관이 치유되었음을 선포합니다. 주님께서 주시는 온전한 회복과 평안이 제 몸에 임하여, 생명의 강물이 다시 힘차게 흐르게 하옵소서. 새로운 삶으로, 주님의 영광을 선포하며 살게 하실 것을 믿습니다. 예수 그리스도의 이름으로 치유기도 드립니다. 아멘.

〈렘 17:14, 개역개정〉 "여호와여 주는 나의 찬송이시오니 나를 고치소서 그리하시면 내가 낫겠나이다 나를 구원하소서 그리하시면 내가 구원을 얻으리이다"

심뇌혈관 치유기도

주님,
제 삶에서 주님께 온전히 맡기지 못했던 염려와 불안, 그리고 육체의 건강을 해쳤던 모든 습관들을 고백합니다. 제 힘과 의지를 내려놓고 이 몸을 주님께 온전히 맡깁니다.

주님, 예수 그리스도의 치유하시는 능력을 간절히 구합니다. 주님의 보혈이 제 심장을 강하게 뛰게 하시고, 혈관에 막힌 모든 것을 뚫어 주시며, 뇌에 산소와 영양이 풍부하게 공급되게 하옵소서. 손상된 세포와 조직을 회복시키시고, 제 몸의 모든 순환 체계를 정상으로 돌려주옵소서. 죽어가던 부분들이 다시 살아나게 하옵소서.

주님, 주님의 말씀은 살아 있어, 제 모든 혈관을 뚫고 지나가는 능력의 빛이 됨을 믿습니다. 예수님의 이름으로 명령하노니, 굳어진 찌꺼기들은 녹아내리고, 막힌 곳은 뚫리며, 약한 곳은 강하게 될지어다!

주님께서 채찍에 맞으심으로, 이미 제 심뇌혈관은 치유되었음을 믿고 선포합니다. 주님의 온전한 회복과 평안이 제 몸에 임하여, 생명의 강물이 다시 힘차게 흐르게 하옵소서.

주님, 제 안에 있는 모든 불안과 두려움을 거두어 주시고, 주님의 평강이 제 마음과 생각을 가득 채우게 하옵소서. 제 영혼이 주님 안에서 평안함을 얻어, 이 육체의 병이 치유의 은혜를 받는 통로가 되게 하옵소서.

저를 온전히 회복시켜 주셔서, 제가 건강한 몸으로 다시 일어나, 주님을 기쁘시게 하는 삶을 살게 하옵소서. 주님의 영광을 위해, 그리고 주님의 사랑을 세상에 전하는 데, 귀하게 쓰임 받게 하옵소서.

모든 영광을 주님께 올려드립니다. 예수 그리스도의 이름으로 치유기도 드립니다. 아멘.

〈시 73:26, 개역개정〉 "내 육체와 마음은 쇠약하나 하나님은 내 마음의 반석이시요 영원한 분깃이시라"

심장병 치유기도

생명의 샘이신 하나님,
하나님께서 창조하신 이 심장이 힘없이 뛰고, 때론 아픔으로 신음하고 있습니다. 하나님의 말씀은 살아 있어, 제 모든 혈관과 심장 근육을 뚫고 지나가는 능력의 빛이 됨을 믿습니다. 막힌 곳은 뚫으시고, 약한 곳은 강하게 하옵소서. 두려움과 불안을 일으키는 모든 세력은 예수 그리스도의 이름으로 사라질지어다. 주님께서 채찍에 맞으심으로, 제 심장이 이미 치유되었음을 믿고 선포합니다. 주님의 온전한 회복과 평안이 제 심장에 임하여, 다시금 힘차고 고동치는 생명의 소리로, 주님을 찬양하게 하옵소서. 주님께서 주시는 새 심장으로, 새로운 삶을 살게 하실 것을 믿으며 감사드립니다. 모든 영광을 주님께 올려드립니다. 예수 그리스도의 이름으로 치유기도 드립니다. 아멘.

〈렘 17:10, 개역개정〉 "나 여호와는 심장을 살피며 폐부를 시험하고 각각 그의 행위와 그의 행실대로 보응하나니"

아이의 병상에서 드리는 치유기도

날개 아래 보호하시고 피하게 하시는 주님,
주님은 볼 수도 없고, 만질 수도 없는, 밤이나 공기 같습니다. 주님 앞에 모습을 나타내어, 신경질적인 불확실성으로 말을 더듬는 제 모습이, 마치 비틀거리다 길을 잃어버린 사람 같습니다. 제 잘못된 행위가 주님의 진노를 사서, 저에게 이렇게 분개하시는 것은 아니신지요? 그것이 저희 가정에 덮친 지독한 병에 대하여 제가 발견할 수 있는 유일한 설명입니다. 제 아이들의 비참함은 확실히 제 사악함의 결과입니다. 주님, 주님의 기쁘신 뜻대로, 제 몸을 처리해 주옵소서. 제가 감당해야 할 질병이라면, 어떤 것이든지 제 위에 쌓아 주옵소서. 저에게 어떤 고난이나 어떤 모욕도 아끼지 마옵소서. 제 자신의 행동 때문에 받는 벌을 참게 해주옵소서. 그래서 제 자녀들이 건강과 행복을 되찾고, 불끈 일어나, 주님의 의로운 길을 따르게 해주옵소서. 제 못난 자아를 죽이시고, 아이들을 살려 주옵소서. 예수님의 이름으로 치유기도 드립니다. 아멘.

〈막 5:41-42, 개역개정〉 "그 아이의 손을 잡고 이르시되 달리다굼 하시니 번역하면 곧 내가 네게 말하노니 소녀야 일어나라 하심이라 (42) 소녀가 곧 일어나서 걸으니 나이가 열두 살이라 사람들이 곧 크게 놀라고 놀라거늘"

아파하는 사람들을 위하여 드리는 치유기도

하나님,
몸이 아픈 사람들,
마음과 영혼이 아픈 사람들을 위해 기도합니다.
특별히 기도하오니,
고통당하고 있는 그들에게
하나님의 평화를 부어 주옵소서.
연약한 그들에게
하나님의 능력을 부어 주옵소서.
슬픔을 겪고 있는 그들에게
하나님의 위로를 부어 주옵소서.
우리 주 예수 그리스도의 이름으로 치유기도 드립니다. 아멘.

〈사 30:26, 개역개정〉 "여호와께서 자기 백성의 상처를 싸매시며 그들의 맞은 자리를 고치시는 날에는 달빛은 햇빛 같겠고 햇빛은 일곱 배가 되어 일곱 날의 빛과 같으리라"

아픈 곳마다 안수하시는 주님의 손길을 느끼며 드리는 치유기도

우주의 운행 법칙을 만드신 하나님,
하나님께서는 죽은 이를 살리실 수도 있고,
아픈 이를 치유하실 수도 있습니다.
저희의 아픈 형제와 자매를 위하여 기도하오니,
아픈 곳마다 안수하시는
주님의 손길을 그들이 느끼게 하시고,
몸도 새로워지고 영혼도 새로워질 수 있도록 해주옵소서.
주님께서 주님의 피조물을 붙드시는 그 사랑을
그들에게도 보여주옵소서.
특별히 죄책감의 그늘에서 신음하는 저희에게 다가오시어,
저희의 고백을 들으시고 용서하시며,
앞으로는 밝고 건강한 삶을 허락하여 주옵소서.
예수님의 이름으로 치유기도 드립니다. 아멘.

〈시 103:3, 개역개정〉 "그가 네 모든 죄악을 사하시며 네 모든 병을 고치시며"

아픈 몸에 생기를 불어넣는 치유기도

하나님,
창세기에 보니, 하나님께서는 사람을 지으실 때, 생기를 그 코에 불어넣으셨다구요? 하나님께로부터 생기가 내 속에 들어와 있다니! 정말 놀라운 사실입니다.

그런데 이 생기가 내 속에서 제대로 작동하지 않고 있었습니다. 그래서 내 몸에 문제가 생겼습니다. 저에게 암이 찾아온 것도, 하나님이 내 속에 불어넣으신 이 생기를 놓쳐버린 것과 무관치 않다는 반성이 듭니다.

일중독, 성과중심, 숫자중심, 행사중심, 행정중심, 1인 3역, 코로나, 스트레스, 눈치, 소심, 과로, 운동부족, 수면부족, 휴식부족, 관계갈등에 시달리면서, 하나님이 제 속에 불어넣으신 그 생생한 기운, 그 생기가 다 빠져나가 버린 느낌입니다. 그래서 그렇게 용을 써도 안 됐던 것일까요? 그래서 암이 찾아왔던 것일까요?

그런데 더 놀라운 복음을 주시다니! 마른 뼈밖에 안 남은 저에게, 기력이 다 빠져나가 버린 저에게, 하나님의 생기를 불어넣어 주시겠다니! 더 이상 기회를 없을 줄로 알았는데! 이렇게 내 인생 다 끝나버릴 줄 알았는데! 아, 하나님, 나의 하나님! 눈물이 쏟아집니다.

숨을 들이쉬며, 하나님의 생기! 숨을 내쉬며, 그리스도의 숨! 이 생기 기도가 확실히 좋습니다! 하늘이 달라 보입니다. 하나님의 생기! 숨통이 트입니다. 하나님의 생기! 가슴통이 트입니다.

부정적인 것들은 숨을 크게 내쉬며 다 내버리겠습니다. 긍정적인 것들로 숨을 크게 들이마시며 가득 채워보겠습니다. 그렇게 하루하루 다시 일어서겠습니다. 그러면 하나님의 생기가 돋아나리니!

생생한 숨, 생기를 내쉬며, 성령을 불어넣어 주신 예수님의 이름으로 치유기도 드립니다. 아멘.

〈계 11:11, 개역개정〉 "삼 일 반 후에 하나님께로부터 생기가 그들 속에 들어가매 그들이 발로 일어서니 구경하는 자들이 크게 두려워하더라"

아픈 아이들을 위하여 드리는 치유기도

하나님,
오늘 저희가 기도하는 가운데, 저희처럼 자유롭게 달리고 뛰어놀 수 없는 아이들을 위해 기억합니다. 수많은 시간을, 휠체어에 앉아서, 또는 침대에 누워서, 또는 창가에 앉아서, 자기 친구들이 뛰어노는 모습만 바라보고 있는 아이들을 떠올립니다. 저희가 이기적인 사람이 되지 않도록 도와주옵소서. 그 아이들을 위하여 시간을 할애할 수 있도록, 저희 책을 나눠주고, 저희 컴퓨터와 게임기를 나눠줄 수 있도록 도와주옵소서. 바깥소식을 전해 주고, 행복한 편지를 쓸 수 있도록 도와주옵소서. 거리나 들판에 나가는 일 없이, 온종일 집안이나 병원에 갇혀 지내는 아이들을 도우셔서, 저희가 그들을 생각하고 있음을, 사람들이 그들을 걱정하고 있음을 알게 하옵소서. 그 아이들이 그림과 음악과 이야기와 우정을 통해서, 기쁨을 누릴 수 있도록 도와주옵소서. 예수 그리스도의 이름으로 치유기도 드립니다. 아멘.

〈눅 4:40, 개역개정〉 "해 질 무렵에 사람들이 온갖 병자들을 데리고 나아오매 예수께서 일일이 그 위에 손을 얹으사 고치시니"

아플 때 인내를 발휘하며 드리는 치유기도

주님,
제가 건강할 때,
인내하는 법을 가르쳐 주옵소서.
그리고 제가 아플 때,
그 인내를 발휘하게 하옵소서.
그날에 제 짐을 가볍게 해주시고,
제 등을 강하게 해주옵소서.
제가 오로지 주님의 도움만 의지할 때,
저를 강하게 해주옵소서.
예수님의 이름으로 치유기도 드립니다. 아멘.

〈행 10:38, 개역개정〉 "하나님이 나사렛 예수에게 성령과 능력을 기름 붓듯 하셨으매 그가 두루 다니시며 선한 일을 행하시고 마귀에게 눌린 모든 사람을 고치셨으니 이는 하나님이 함께하셨음이라"

악몽 치유기도

밤에도 낮에도 저를 지키시는 하나님,
밤마다 악몽으로, 두려움과 불안 속에 잠드는 저를 주님께 내려놓습니다. 제 마음을 어지럽히는 모든 염려와 불안을 주님의 손에 맡깁니다. 주님, 오늘 밤 제 잠자리를 지켜 주옵소서. 주님의 평강이 제 마음과 생각을 다스려 주셔서, 어떠한 두려움도 침범하지 못하게 하옵소서. 악몽을 꾸게 하는 모든 어둠의 세력은, 예수 그리스도의 이름으로 명령하노니, 떠나갈지어다! 떠나갈지어다! 떠나갈지어다! 주님의 보호의 날개 아래서, 제가 평안히 쉬게 하시고, 주님께서 주시는 아름답고 거룩한 꿈을 꾸게 하옵소서. 주님은 제 피난처이시며 방패이심을 믿습니다. 저는 주님의 보호하심 아래 안전함을 선포합니다. 주님 안에서 참된 안식을 누리게 하실 것을 믿고 감사드립니다. 이 모든 기도를 우리 주 예수 그리스도의 이름으로 치유기도 드립니다. 아멘.

〈시 4:8, 개역개정〉 "내가 평안히 눕고 자기도 하리니 나를 안전히 살게 하시는 이는 오직 여호와이시니이다"

안과, 비문증, 시력저하, 안구건조증 치유기도

자비로우신 하나님,
제 눈을 창조하시고 빛을 보게 하신 은혜에 감사드립니다. 그러나 저는 지금 비문증, 시력 저하, 안구건조증 등, 눈의 여러 가지 문제로 고통스럽습니다. 주님의 자비와 긍휼을 구하며, 이 모든 문제를 치유해 주시기를 간구합니다. 주님, 제 눈에 있는 모든 질병을 고쳐 주옵소서. 비문증을 일으키는 원인들이 예수님의 이름으로 깨끗하게 사라질지어다. 시력 저하로 약해진 눈의 모든 기능이 정상으로 회복될지어다. 안구건조증으로 고통받는 제 눈물샘과, 눈을 촉촉하게 하는 모든 기관이 본래의 기능을 회복할지어다. 예수님께서 맹인의 눈을 여셨듯이, 제 눈도 온전하게 치유될 것을 믿습니다. 제 눈을 회복시키시고, 주님의 영광을 볼 수 있도록 인도하여 주옵소서. 이 모든 기도, 저희의 구원자 되시는 예수 그리스도의 이름으로 치유기도 드립니다. 아멘.

〈마 9:29-30상반절, 개역개정〉 "이에 예수께서 그들의 눈을 만지시며 이르시되 너희 믿음대로 되라 하시니 (30) 그 눈들이 밝아진지라"

안수를 위하여 드리는 치유기도

자비하신 하나님,
○○○ 님의 죄를 용서하시고,
○○○ 님을 고통으로부터 자유하게 하시며,
○○○ 님을 온전하고 강하게 회복시켜 주옵소서.
예수님의 이름으로 치유기도 드립니다. 아멘.

〈막 8:25, 개역개정〉 "이에 그 눈에 다시 안수하시매 그가 주목하여 보더니 나아서 모든 것을 밝히 보는지라"

안수를 통한 점진적인 치유기도

예수님,
마가복음 16:17-18에, "믿는 자들에게는 이런 표적이 따르리니, 곧 그들이 내 이름으로 귀신을 쫓아내며, 새 방언을 말하며, 뱀을 집어 올리며, 무슨 독을 마실지라도 해를 받지 아니하며, 병든 사람에게 손을 얹은즉 나으리라 하셨지요? 이 말씀에 근거해서, 이 시간, 예수 그리스도의 이름으로 안수합니다. 안수하는 이 순간부터, 점진적인 치유가 이제 시작되었음을 선포합니다. 예수님, 일하시옵소서. 강하게 역사하시옵소서. 예수님의 이름으로 치유기도 드립니다. 아멘.

〈막 16:17-18, 개역개정〉 "믿는 자들에게는 이런 표적이 따르리니 곧 그들이 내 이름으로 귀신을 쫓아내며 새 방언을 말하며 (18) 뱀을 집어올리며 무슨 독을 마실지라도 해를 받지 아니하며 병든 사람에게 손을 얹은즉 나으리라 하시더라"

안수와 기름 부음을 위하여 드리는 치유기도

치유의 근원이신 하나님,
하나님께서는, 예수 그리스도 안에서, 아픈 이들을 치유하시고, 상처 입은 이들을 고치십니다. 저희는 이 땅의 열매들에서 거둔 이 기름을 놓고, 하나님을 찬미합니다. 이것은 치유와 용서, 그리고 충만한 삶의 표징으로, 하나님께서 저희에게 주신 것입니다. 성령으로, 지금 안수를 받으시는 ○○○ 님 위에 오시어, 하나님의 치유하시는 손길을 접하고, 온전해질 수 있도록 도와주옵소서. 영화로우신 우리 구주, 예수 그리스도의 이름으로 치유기도 드립니다. 아멘.

〈약 5:14, 개역개정〉 "너희 중에 병든 자가 있느냐 그는 교회의 장로들을 청할 것이요 그들은 주의 이름으로 기름을 바르며 그를 위하여 기도할지니라"(여기서 장로는 오늘의 목사나 장로 등 '교회 지도자'를 통칭함)

안수할 때 드리는 치유기도

주님,
앓고 있는 ○○○ 님을 굽어살펴 주옵소서.
○○○ 님의 몸 마디마디에 새 힘을 주옵소서.
○○○ 님의 고통을 덜어 주옵소서.
○○○ 님을 온갖 죄와 유혹에서 구해 주옵소서.
앓고 있는 모든 이들을 주님의 은총으로 도와주옵소서.
간호하는 이들에게 하늘의 은혜를 내려주옵소서.
저희의 안수를 받는 ○○○ 님에게 생명과 구원을 주옵소서.
예수님의 이름으로 치유기도 드립니다. 아멘.

〈행 28:8, 개역개정〉 "보블리오의 부친이 열병과 이질에 걸려 누워 있거늘 바울이 들어가서 기도하고 그에게 안수하여 낫게 하매"

알레르기비염, 천식 치유기도

사랑의 주님,
주님께서 지으신 제 몸의 거룩한 성전 안에, 자유로운 호흡을 억누르는 알레르기비염의 답답함이 드리워져 있습니다. 평온한 숨을 가로막는 천식의 쇠사슬이 저를 짓누르고 있습니다. 맑은 공기를 허락하지 않는 재채기와 가래의 고통이 제 삶의 기쁨을 빼앗아 가고 있습니다. 예수 그리스도의 이름으로 명하노니, 내 코와 기관지를 짓누르는 알레르기비염과 천식의 영은 완전히 묶임을 받고 떠나갈지어다! 목구멍을 막는 가래와 콧물의 모든 흔적은 주님의 보혈 아래 완전히 무력화될지어다! 숨을 가쁘게 하는 모든 염증과 긴장은 완전히 소멸될지어다! 성령의 능력으로, 내 코와 기관지와 폐의 모든 세포와 조직은, 태초의 건강하고 온전한 상태로 지금 즉시 회복될지어다! 깨끗한 공기가 막힘없이 흐르고, 심호흡의 자유와 평안이 나에게 임할지어다! 이제 온전히 회복된 이 몸으로, 주님의 나라와 영광을 위해 살아가게 하옵소서. 제 자유로운 숨결과, 맑아진 삶의 기쁨이, 주님의 살아 계심을 간증하는 통로가 되게 하옵소서. 예수 그리스도의 이름으로 치유기도 드립니다. 아멘.

〈창 2:7, 현대어〉 "여호와 하나님께서 땅의 흙으로 사람을 빚으시고 그 코에 생기를 불어넣으셨다. 그러자 사람이 살아 움직이기 시작하였다."

알츠하이머 치유기도

우리의 가장 깊은 곳을 아시는 주님,
흩어져가는 기억의 파편들과, 길을 잃은 듯 헤매는 영혼을 주님께 드립니다. 안개에 갇힌 마음의 등불이 희미해져 가는 이 아픔을 불쌍히 여겨 주옵소서. 주님, 사라져가는 시간 속에서, 흔들리지 않는 평화의 닻이 되어주옵소서. 잃어버린 이름과 기억들을 주님의 사랑으로 채워 주옵소서. 혼란의 파도가 몰려올 때마다, 주님의 품 안에서 온전한 안식을 누리게 하옵소서. 비록 기억은 희미해질지라도, 주님의 눈동자 안에 새겨진 그 영혼의 빛은 영원히 꺼지지 않음을 믿습니다. 곁에서 지켜보는 이들의 탄식까지도 주님께서 위로하시고, 이 모든 고통의 순간에 주님의 사랑이 가득하게 하옵소서. 모든 것을 온전케 하실 주님께 감사드리며, 예수 그리스도의 이름으로 치유기도 드립니다. 아멘.

〈롬 8:38-39, 현대어〉 "나는 하나님의 사랑에서 우리를 떼어놓을 수 있는 것은 아무것도 없다고 확신합니다. 죽음도 그렇게 할 수 없고, 생명도 그렇게 할 수 없습니다. 천사들도 그렇게 하지 못하고 지옥의 모든 세력을 다 합친다 해도 하나님의 사랑에서 우리를 멀리 떼어놓을 수 없습니다. 오늘에 대한 우리의 염려도 내일에 대한 우리의 공포도 (39) 또는 하늘 높이 올라가거나 바다 깊은 곳에 들어가거나 우리가 어디에 있든지 간에 우리 주 그리스도께서 **우리**를 위해 죽으실 때 나타난 하나님의 사랑에서 우리를 떼어놓을 수 있는 것은 아무 것도 없습니다."

암 치유기도

주님,
이 시간, 온몸에 드리운 사망의 권세, 암의 그림자 아래 있는 저를 불쌍히 여겨 주옵소서. 빛으로 어둠을 몰아내시고, 말씀으로 모든 것을 창조하신, 주님의 능력을 믿습니다. 예수 그리스도의 이름으로 명하노니, 내 몸에 있는 모든 암세포는 그 뿌리째 뽑혀 사멸될지어다! 질병의 영은 흔적도 없이 사라질지어다! 주님의 생명수가 온몸에 흘러, 깨끗하고 온전한 새 생명으로 거듭나게 하실 것을 믿습니다. 예수 그리스도의 이름으로 선포하며, 치유기도 드립니다. 아멘.

-폐암 치유기도

생명의 호흡을 불어넣으신 주님,
숨 쉬는 것조차 힘들어하며, 폐암의 고통 가운데 있는 저를 불쌍히 여겨 주옵소서. 마른 뼈를 살리신 주님의 생기가 이 폐에 임하여, 다시금 살아나게 하옵소서. 예수 그리스도의 이름으로 명하노니, 폐에 있는 모든 암세포의 그물은 끊어질지어다! 질병의 영은 떠나가고, 폐는 깨끗하게 정화될지어다! 주님의 호흡으로 가득 찬 폐가, 깊고 자유로운 숨을 다시 쉬게 하실 것을 믿습니다. 예수 그리스도의 이름으로 선포하며, 치유기도 드립니다. 아멘.

-위암 치유기도

생명의 양식을 주시는 주님,
위암으로 고통받으며, 음식물조차 제대로 소화시키지 못하는 저를 불쌍히 여겨 주옵소서. 주님께서 만지시는 능력의 손으로 제 위를 만져 주시고, 온전히 새롭게 하옵소서. 예수 그리스도의 이름으로 명하노니, 제 위에 있는 모든 암 덩어리는 녹아내릴지어다! 소화의 모든 통로는 막힘없이 뚫릴지어다! 주님의 살아 있는 생명수 물이 이 몸에 흘러, 모든 음식을 기쁨으로 소화하고, 생명의 활력을 얻게 하실 것을 믿습니다. 예수 그리스도의 이름으로 선포하며, 치유기도 드립니다. 아멘.

-유방암 치유기도

주님,
이 시간, 주님의 자녀인 제가 유방암으로 고통받고 있습니다. 이 질병으로 흔들리는 마음을 붙잡아 주시고, 모든 두려움과 불안을 십자가 앞에 내려놓게 하옵소서. 주님께서는 우리의 연약함을 아시며, 우리의 아픔을 싸매주시는 좋으신 의사이심을 믿습니다. 주님의 말씀은 살아 있고 운동력이 있어, 영과 혼과 관절과 골수를 찔러 쪼개기까지 하며, 마음의 생각과 뜻을 감찰하시는 분이십니다(히브리서 4:12). 주님의 말씀이 제 몸에 있는 모든 암세포를 찔러 쪼개고, 완전히 사멸시키는 능력의 말씀이 되게 하옵소서. 예수 그리스도의 이름으로 명하오니, 내 몸에 있는 모든 암은 뿌리째 뽑히고, 완전히 사라질지어다. 주님께서는 "친히 나무에 달려 그 몸으로 우리 죄를 담당하셨으니, 이는 우리로 죄에 대하여 죽고, 의에 대하여 살게 하려 하심이라. 그가 채찍에 맞음으로 너희는 나음을 얻었나니"(베드로전서 2:24)라고 말씀하셨습니다. 주님께서 채찍에 맞으신 상처로, 제가 이미 나음을 얻었음을 믿음으로 선포합니다. 유방암으로 고통받는 모든 부위가 깨끗하게 치유되고, 새로운 세포로 회복되게 하옵소서. 모든 상황 속에서 주님만을 의지하며, 주님의 치유하심을 기대합니다. 제 안에 있는 모든 불신앙과 의심을 물리쳐 주시고, 말씀이 이루어지는 것을 볼 때까지, 흔들리지 않는 믿음을 주옵소서. 모든 영광을 주님께 올려드립니다. 예수 그리스도의 이름으로 치유기도 드립니다. 아멘.

-대장암 치유기도

정결한 강물이 되시는 주님,
독소의 뿌리가 깊이 박힌 대장암으로 고통받는 저를 불쌍히 여겨 주옵소서. 생명의 강물이 흘러 대장을 깨끗하게 정화하시고, 온전히 치유하옵소서. 예수 그리스도의 이름으로 명하노니, 대장에 있는 모든 암세포의 뿌리는 뽑힐지어다! 독소의 찌꺼기는 흔적도 없이 사라질지어다! 주님의 능력으로, 대장의 모든 기능이 정상적으로 회복되어, 몸의 모든 순환이 원활하게 이루어지게 하실 것을 믿습니다. 예수 그리스도의 이름으로 치유기도 드립니다. 아멘.

-췌장암 치유기도

생명의 신비를 주관하시는 주님,
침묵의 암, 췌장암으로 고통받는 저를 불쌍히 여겨 주옵소서. 주님의 창조 질서대로, 균형과 조화를 잃은 췌장을 만져 주옵소서. 예수 그리스도의 이름으로 명하노니, 췌장에 있는 모든 암세포의 불길은 꺼질지어다! 췌장의 모든 기능은 정상적으로 회복될지어다! 주님의 치유하시는 불꽃이 이 영혼의 깊은 곳까지 임하여, 온전한 건강을 되찾고, 생명의 활력을 얻게 하실 것을 믿습니다. 예수 그리스도의 이름으로 치유기도 드립니다. 아멘.

-전립선암 치유기도

생명의 샘을 만드신 주님,
남성의 삶을 짓누르는 전립선암으로 고통받는 저를 불쌍히 여겨 주옵소서. 주님의 능력으로 이 모든 아픔을 만져 주시고, 온전히 회복시켜 주옵소서. 예수 그리스도의 이름으로 명하노니, 전립선에 있는 모든 암 덩어리는 사라질지어다! 고통과 불편함의 모든 뿌리는 뽑힐지어다! 주님의 강한 손이 제 영혼을 붙들어 새 힘을 주시고, 온전한 건강과 기쁨을 누리게 하실 것을 믿습니다. 예수 그리스도의 이름으로 치유기도 드립니다. 아멘.

-간암 치유기도

정화의 빛이신 주님,
생명의 활력이 꺼져가는 간암의 고통 가운데 있는 저를 불쌍히 여겨 주옵소서. 몸의 모든 독소를 정화하시는 간을 주님께서 다시 온전케 하옵소서. 예수 그리스도의 이름으로 명하노니, 간에 있는 모든 암세포는 불타 사라질지어다! 굳어진 간 조직은 부드럽게 회복될지어다! 주님께서 쏘시는 치유의 빛이 간에 임하여, 생명의 활력이 다시 넘치고, 온전한 건강을 얻게 하실 것을 믿습니다. 예수 그리스도의 이름으로 치유기도 드립니다. 아멘.

-식도암 치유기도

생명의 통로를 만드신 주님,
식도암으로 음식을 삼키는 것조차 고통스러워하는 저를 불쌍히 여겨 주옵소서. 말씀으로 세상을 창조하신 주님의 능력으로 식도를 새롭게 하옵소서. 예수 그리스도의 이름으로 명하노니, 식도의 모든 암세포는 녹아내릴지어다! 상처 입은 모든 조직은 부드럽게 회복될지어다! 주님의 은혜로 생명의 통로가 다시 열려, 음식을 기쁨으로 삼키고, 온전한 삶을 누리게 하실 것을 믿습니다. 예수 그리스도의 이름으로 치유기도 드립니다. 아멘.

-자궁암 치유기도

생명의 터를 지으신 주님,
생명의 고귀한 터인 자궁에 암이 침범하여 고통받는 저를 불쌍히 여겨 주옵소서. 주님의 능력으로 이 모든 아픔을 만져 주시고, 온전한 여인의 몸으로 회복시켜 주옵소서. 예수 그리스도의 이름으로 명하노니, 자궁에 있는 모든 암세포의 뿌리는 뽑힐지어다! 고통과 두려움의 영은 떠나갈지어다! 주님의 생명수가 제 영혼을 가득 채우사, 몸과 마음이 온전히 치유되고, 새롭게 해주실 것을 믿습니다. 예수 그리스도의 이름으로 치유기도 드립니다. 아멘.

-신장암 치유기도

정화의 샘을 만드신 주님,
몸의 순환과 정화를 책임지는 신장에 암이 임하여, 고통받는 저를 불쌍히 여겨 주옵소서. 주님의 능력으로 이 모든 아픔을 만져 주시고, 온전히 회복시켜 주옵소서. 예수 그리스도의 이름으로 명하노니, 신장에 있는 모든 암 덩어리는 사라질지어다! 몸에 쌓인 모든 독소의 찌꺼기는 깨끗하게 정화될지어다! 주님의 은혜로 신장의 모든 기능이 정상으로 돌아와, 생명의 흐름이 다시 원활하게 될 것을 믿습니다. 예수 그리스도의 이름으로 치유기도 드립니다. 아멘.

-방광암 치유기도

생명을 담는 그릇을 만드신 주님,
방광에 임한 암으로 고통받는 저를 불쌍히 여겨 주옵소서. 소변을 보는 것조차 고통스러운 아픔을 주님께서 친히 만져 주옵소서. 예수 그리스도의 이름으로 명하노니, 방광에 있는 모든 암세포는 사멸될지어다! 고통과 불편함의 모든 뿌리는 뽑힐지어다! 주님께서 비추시는 치유의 빛이 임하여, 방광이 온전히 깨끗하게 되고, 기능이 회복될 것을 믿습니다. 예수 그리스도의 이름으로 치유기도 드립니다. 아멘.

-피부암 치유기도

육체의 아름다움을 지으신 주님,
피부암으로 고통받으며, 육체의 표면이 상처 입은 저를 불쌍히 여겨 주옵소서. 주님의 사랑으로 이 모든 아픔을 만져 주시고, 온전히 회복시켜 주옵소서. 예수 그리스도의 이름으로 명하노니, 피부암의 모든 뿌리는 뽑힐지어다! 어둠의 그림자가 드리운 피부는 빛으로 채워질지어다! 주님의 능력으로 상처 입은 피부가 새롭게 돋아나, 본래의 온전한 아름다움을 되찾게 하실 것을 믿습니다. 예수 그리스도의 이름으로 치유기도 드립니다. 아멘.

-백혈병 치유기도

생명의 피를 만드신 주님,
생명의 근원인 혈액에 암세포가 가득한 백혈병으로 고통받는 저를 불쌍히 여겨 주옵소서. 주님의 능력으로 이 모든 아픔을 만져 주시고, 온전히 회복시켜 주옵소서. 예수 그리스도의 이름으로 명하노니, 혈관 속의 모든 암세포는 사멸될지어다! 생명의 피는 깨끗하게 정화될지어다! 주님의 생명수가 온몸의 혈관에 흘러, 온전한 피의 흐름을 회복하게 하실 것을 믿습니다. 예수 그리스도의 이름으로 치유기도 드립니다. 아멘.

-림프종 치유기도

몸의 방패를 만드신 주님,
몸의 면역 시스템을 무너뜨리는 림프종으로 고통받는 저를 불쌍히 여겨 주옵소서. 주님의 능력으로 이 모든 아픔을 만져 주시고, 온전히 회복시켜 주옵소서. 예수 그리스도의 이름으로 명하노니, 림프계에 있는 모든 암 덩어리는 녹아내릴지어다! 무너진 면역 시스템은 다시 강하게 세워질지어다! 주님께서 친히 몸의 방패가 되어, 모든 질병으로부터 온전히 보호하게 하실 깃을 믿습니다. 예수 그리스도의 이름으로 치유기도 드립니다. 아멘.

-다발성골수종 치유기도

생명의 근원을 지으신 주님,
뼈와 골수에 암이 침범한 다발성골수종으로 고통받는 저를 불쌍히 여겨 주옵소서. 주님의 능력으로 이 모든 아픔을 만져 주시고, 온전히 회복시켜 주옵소서. 예수 그리스도의 이름으로 명하노니, 골수에 있는 모든 암세포는 불타 사라질지어다! 약해진 뼈와 골수는 강건하게 회복될지어다! 주님의 생기가 제 골수에 임하여, 온전한 피와 새로운 세포를 다시 만들어내게 하실 것을 믿습니다. 예수 그리스도의 이름으로 치유기도 드립니다. 아멘.

-육종 치유기도

육체의 기둥을 세우신 주님,
육체의 근육과 뼈에 암이 침범한 육종으로 고통받는 저를 불쌍히 여겨 주옵소서. 주님의 능력으로 이 모든 아픔을 만져 주시고, 온전히 회복시켜 주옵소서. 예수 그리스도의 이름으로 명하노니, 육종의 모든 뿌리는 뽑힐지어다! 상처 입은 모든 조직은 깨끗하게 회복될지어다! 주님의 창조하시는 능력으로 새로운 근육과 뼈가 돋아나, 강건한 몸으로 다시 일어서게 하실 것을 믿습니다. 예수 그리스도의 이름으로 치유기도 드립니다. 아멘.

-소아암 치유기도

순전한 생명을 사랑하시는 주님,
연약하고 작은 몸에 암이 찾아와 고통받는 소중한 아이를 위해 기도합니다. 아픔을 모르는 순수한 영혼이 주님의 품 안에서 온전한 평안을 얻게 하옵소서. 예수 그리스도의 이름으로 명하노니, 이 아이의 몸에 있는 모든 암세포는 사라질지어다! 모든 고통과 두려움은 떠나갈지어다! 주님께서 친히 이 작은 생명을 붙들어 주시고, 장차 주님의 영광을 드러내는 증거로 삼아주실 것을 믿습니다. 예수 그리스도의 이름으로 치유기도 드립니다. 아멘.

〈롬 8:11, 개역개정〉 "예수를 죽은 자 가운데서 살리신 이의 영이 너희 안에 거하시면 그리스도 예수를 죽은 자 가운데서 살리신 이가 너희 안에 거하시는 그의 영으로 말미암아 너희 죽을 몸도 살리시리라"

암 치유를 위하여 담대히 명령하는 치유기도

주님,
오늘 저녁, 제 마음 겸허히 두 손 들고, 주님 앞에 섰습니다. 먼저, 제 죄를 용서해 주시고, 제 영혼을 용서해 주옵소서. 저는 주님을 찬양하고, 주님의 이름을 높이 들어 올립니다. 주님은 위엄이 있으시고, 모든 칭찬을 받을 만하십니다. 주님은 모든 것의 완벽한 분이시고, 주님은 궁극적인 치료자이며, 주님은 궁극적인 의사이십니다. 저는 오늘 저녁, 폐암으로 진단받은 저를 주님 앞에 들어 올립니다.

주님, 제 일이 아직 끝나지 않았기 때문에, 주님께 치유의 손길을 부탁드립니다. 제 몸을 불쌍히 여기셔서, 저를 다시 건강하게 해주옵소서. 모든 형태로 예수님의 피가 제 몸속에 들어가 치유되기를 간청합니다! 저는 예수님의 이름으로 모든 병과 진단을 꾸짖습니다. 내가 암에게 명령하노니, 나를 떠나라. 하나님의 성전인 내 안에 네가 있을 곳이 없느니라. 나는 오늘밤, 고통받는 내가 마침내 승리할 것을 선포하노라. 하나님께서 내 길에서 증언을 하실 것이고, 내 삶에서 은혜를 주실 것을 선포하노라.

주님, 나는 이 치유를 예수님의 피로 봉하고, 오늘밤과 영원히, 제 승리를 선포합니다. 내 속에 있는 암의 뿌리야, 이 악한 영아, 예수 그리스도의 이름과 성령의 권능으로 너를 결박하노라. 내가 네게 명하노니, 즉시 나에게서 나오고 다시는 들어가지 말지어다.

내 몸 안에 있는 암의 모든 씨앗을 내가 사정없이 꾸짖노라. 성령의 불, 성령의 불로, 암세포는 다 녹아 없어질지어다. 암세포는 그 안의 자살코드가 작동되어, 다 죽어서 내 몸 밖으로 배출될지어다. 그리고 내 몸속 NK세포(자연살상 면역세포)와 P53세포(항암유전자세포)는 내 몸 안에서 활성화될지어다. 또한 내 골수는 깨끗해질지어다. 건강한 피를 많이 만들어서, 내 온몸에 보낼지어다. 내 상처를 낫게 할지어다. 내 손상당한 세포, 조직, 장기 등이 새롭게 될지어다. 건강한 몸을 만들지어다. (그리고 용서하지 못한 사람들을 용서하는 기도를 드린다.) 나에게 상처를 준 그 사람을 내가 예수님의 이름으로 조건 없이 용서하고 축복하노라. 이 모든 말씀, 예수님의 이름으로 치유기도 드립니다. 아멘.

〈막 5:41-42, 개역개정〉 "그 아이의 손을 잡고 이르시되 달리다굼 하시니 번역하면 곧 내가 네게 말하노니 소녀야 일어나라 하심이라 (42) 소녀가 곧 일어나서 걸으니 나이가 열두 살이라 사람들이 곧 크게 놀라고 놀라거늘"

암 치유를 위하여 악한 영을 축출하는 치유기도

주님,
저에게 있는 _____의 상처와 쓴 뿌리를 회개합니다. 이미 지나가고 존재하지 않으며, 단지 제 기억 속에 있는 것을 내 것이라 생각하고, 그것에 묶여 있었음을 회개합니다.

저는 지금 예수 그리스도 안에서 새로운 피조물입니다. 그러기에, 그 어떤 과거의 경험도 저에게 영향을 미치지 못함을 예수 그리스도의 이름으로 선포하노라.

주님, 저는 지금 _____에 대해서 (불안, 두려움, 미움, 증오, 슬픔, 우울, 분노, 억울함, 시기, 질투, 원통함, 한맺힘, 외로움, 자살, 어두움, 죽음, 괴로움, 고통, 거절감, 피해의식, 수치심, 무가치감, 탓함, 험담, 음란, 호색, 비난, 저주, 주술, 우상숭배, 열등감, 낮은 자존감, 강박, 핍박, 상실감, 공허함)을 느끼고 있습니다. 이 모든 것들은 세상으로부터, 다른 사람들로부터, 환경으로부터 온 것입니다.

이제는 제 마음에 주님이 주시는 것을 담기를 원합니다. 예수 그리스도의 이름으로, 제 마음에는 이 시간, 의와 평강과 희락이 넘칩니다. 예수 그리스도의 이름으로, 제 마음에는 이 시간, 하나님의 능력과 사랑과 절제하는 마음이 충만합니다.

주님, 제가 특별히 ○○○를 미워하고 원망하고 용서하지 못하고 있습니다. 이 시간, 제 감정이 동하지는 않지만, 주님 말씀에 따라, ○○○가 저에게 _____한 것에 대하여 용서합니다. 제가 ○○○를 용서함으로, 죄 사함을 받았음을 예수 그리스도의 이름으로 선포합니다.

이 시간, 내 안에서 _____암을 발생시키고 붙들고 있는 악한 영아, 예수 그리스도의 이름으로 명령하노니, 묶임을 받고 떠나갈지어다! 내가 예수 그리스도의 피로 죄 사함을 받았음으로, 이 시간, 예수 그리스도의 이름으로, 주님께서 이루신 말씀을 선포하노니, 암은 저주를 받고 떠나갈지어다! 주님께서 채찍에 맞으심으로, 내가 나음을 입었느니라! 주님께서 십자가에서 마귀의 일을 파쇄하셨음을 선포하노라!

주님, 제 암 환부에 주님의 사랑과 생명을 가득 채워 주시니 너무 너무 감사합니다. 주님, 홀로 영광 받으시옵소서! 주님, 지금 이 자리에 주님의 성령을 초청합니다. 이 세상의 주인 되시는 주님, 주님의 성령을 의지하여 치유기도를 올려드립니다.

주님, 이 치유기도가 능력이 되도록 성령의 능력으로 함께하여 주옵소서. 성경 말씀에서 읽은 대로, 주님께서는 제 모든 질병을 완전히 해결하셨습니다. 주님, 이 성경 말씀이 저에게 실재가 되도록, 주님께서 성령으로 친히 역사하여 주옵소서. 지금 이 시간, 하나님의 말씀을 의지하고 믿음으로 기도하오니, 제 입술을 성령으로 주장하옵소서.

주님, 주님의 거룩하신 보혈로 이 시간 저를 덮으셔서, 완전하고 깨끗한 기적이 저에게 확실히 나타나게 도와주옵소서. 주님께서 채찍에 맞으심으로, 저는 나음을 입었습니다. 믿습니다. 믿습니다. 믿습니다. 믿습니다. 믿습니다. 믿습니다. 믿습니다.

주님께서 제 연약함을 담당하셨고, 병을 짊어지셨습니다. 병을 짊어지셨습니다. 병을 짊어지셨습니다. 병을 짊어지셨습니다. 병을 짊어지셨습니다. 병을 짊어지셨습니다. 병을 짊어지셨습니다.

저는 이제 영혼이 잘되고, 범사가 잘되며, 강건합니다. 저는 이제 하나님의 새 생명을 얻었고, 더 풍성히 얻었습니다. 하나님의 말씀이 치유를 선포하심으로, 저는 지금 치유되었습니다. 저는 이제 초자연적인 건강을 누리게 되었습니다. 저는 이제 신성한 건강 가운데 살게 되었습니다. 할렐루야!

주님, 우리 주 예수 그리스도의 이름으로 제 영·혼·육 위에 주님의 보혈을 뿌리고 바르고 덮습니다. 주님의 보혈을 뿌리고 바르고 덮습니다. 주님의 보혈을 뿌리고 바르고 덮습니다. 주님의 보혈을 뿌리고 바르고 덮습니다. 주님의 보혈을 뿌리고 바르고 덮습니다. 주님의 보혈을 뿌리고 바르고 덮습니다. 주님의 보혈을 뿌리고 바르고 덮습니다.

예수님의 이름으로, 제 머리끝부터 발끝까지, 주님의 보혈을 뿌리고 바르고 덮습니다. 주님의 보혈을 뿌리고 바르고 덮습니다. 주님의 보혈을 뿌리고 바르고 덮습니다. 주님의 보혈을 뿌리고 바르고 덮습니다. 주님의 보혈을 뿌리고 바르고 덮습니다. 주님

의 보혈을 뿌리고 바르고 덮습니다. 주님의 보혈을 뿌리고 바르고 덮습니다.

우리 주 예수 그리스도의 이름으로 명하노니, 나를 괴롭게 하는 병마야, _____(비소세포폐암 등 정확한 병명)아, 묶임을 받고, 나에게서 떠나, 네 집 저 무저갱으로 가라. 떠나가라. 사라져라.

예수님의 이름으로 선포하노니, 주님께서 채찍에 맞으심으로, 나는 나음을 입었다. 나았다. 치유되었다. 회복되었다. 깨끗해졌다. 우리 주 예수님의 이름으로 명한다. 어둠의 영, 사악한 영, 더러운 영아, 나에게서 떠나, 네 집 무저갱으로 가라. 가라. 가라. 가라. 가라.

예수님께서 이루신 치유를 오늘 그리고 지금 일으켜주시니 감사드립니다. 주님을 찬양합니다. 주님을 송축합니다. 주님을 경배합니다. 이 모든 말씀, 예수님의 이름으로 치유기도 드립니다. 아멘.

〈요 10:10, 개역개정〉 "도둑이 오는 것은 도둑질하고 죽이고 멸망시키려는 것뿐이요 내가 온 것은 양으로 생명을 얻게 하고 더 풍성히 얻게 하려는 것이라"

암 치유를 위하여 올바른 믿음을 지니는 치유기도

주님,
저는 하나님의 생명으로 지음 받으신, 예수 그리스도 안에 있는 새로운 피조물입니다. 저는 더 이상 하나님으로부터 무엇인가를 받아내는 존재가 아니라, 이미 예수님께서 이루어놓으신 말씀을, 예수 그리스도 안에서 실현해 나가는, 예수님의 제자입니다. 그 일을 위해서 예수 그리스도 안에 있는 믿음으로, 예수 그리스도의 이름으로, 주님의 말씀을 말씀대로 선포하는 사람입니다. 주님께서 제 안에 계신다면, 모든 것이 이미 제 안에 이루어졌습니다.

2천 년 전에, 예수님께서 채찍에 맞으시고 피를 흘리셨기 때문에, 지금 저는 이미 온전하게 되었습니다. 저는 이미 깨끗하게 되었습니다. 그것을 현실 세계에 실현하는 데 필요한 것이 믿음임을 알게 되었습니다. 할렐루야! 지금 저에게 없는 것을 받아내려는 믿음이 아니라, 지금 저에게 있는 것을 나타내려는 믿음을 갖게 해주셔서 감사합니다.

주님! 감사합니다. 저에게 새로운 믿음을 주신 것 감사합니다. 이미 깨끗하게 된 것을 누리게 해주셔서 감사합니다. 주님, 감사합니다. 지금 제가 갖고 있는 것이 무엇인지 알게 해주셔서 감사합니다. 암이 사라지고 온전하게 된 것을 보게 해주시니 감사합니다. 제 눈에 보이는 것과, 제 감각으로 느껴지는 것보다, 제 마음에 주님의 말씀대로 이루어진 것을 믿게 해주시니 감사합니다. 예수 그리스도의 이름으로 명령하노니, 깨끗하게 된 것이 현실에 나타날지어다!

주님, 제가 이미 깨끗하게 되었음을 감사드립니다. 주님께서 암을 이미 사라지게 하셨는바, 그것이 지금 내 현실에 아주 그대로 나타났음을 예수 그리스도의 이름으로 선포하노라. 이 모든 말씀, 예수님의 이름으로 치유기도 드립니다. 아멘.

〈마 8:17, 개역개정〉 "이는 선지자 이사야를 통하여 하신 말씀에 우리의 연약한 것을 친히 담당하시고 병을 짊어지셨도다 함을 이루려 하심이더라"

암 치유를 위하여 잘못된 믿음을 교정하는 치유기도

주님,
저는 그동안 제 나름대로는 최선을 다해 열심히 해왔는데, 왜 주님께서는 약속의 말씀을 이루어 주시지 않는지, 죄책감과 더불어 두려움을 가지고 있었습니다. 그리고 내면 깊숙이 주님에 대한 분노도 가지고 있었음을 고백합니다. 주님, 진정한 믿음은 거짓자기의 정신력만 가지고, 믿기지 않는 것을 붙들고자 하는 능력이 아니라, 하나님의 말씀에 제 자신의 생각과 감정과 말을 일치시키는 것임을 알게 해주셔서 감사합니다.

주님, 제 마음에 그리지 못한 것은 이루어지지 않는다는 것을 알게 되었습니다. 지금까지 저는 열심히 믿는다고 했지만, 정반대로 부정적인 생각과 느낌을 심었음을 고백합니다. 저는 열심히 기도했지만, 정반대 믿음으로 암을 더 키워왔음을 고백합니다. 이제는 더 이상 그렇게 하지 않겠습니다. 저는 더 이상 부정적인 말도, 생각도, 하지 않겠습니다. 온전하고 깨끗하게 된 것만 말하고 생각하겠습니다. 앞으로는 더 이상 말씀대로 이루어지기를 원하는 것을 심지 않겠습니다. 이제는 이미 말씀대로 이루어진 것만 심겠습니다. 예수 그리스도의 이름으로, 저는 깨끗하게 되었습니다. 저는 온전하게 되었습니다. 주님께서 기도하고 구한 것은 이미 얻은 줄로 믿으라고 하셨기에, 제가 기도하고 구한 대로 이미 제가 깨끗해진 것을 그립니다.

주님, 감사합니다. 저를 이미 치유해 주셔서 감사합니다. 암이 치유될 것을 믿으려고 하면 할수록 의심이 들고, 부정적인 것을 심게 되는 것을 알게 되었습니다. 암이 미래에 치유될 것을 믿으려고 하지 않겠습니다. 지금 이미 소유한 것을 그려보겠습니다. 예수 그리스도의 이름으로, 하늘에서 이루어진 것 같이 땅에서도 이루어짐을 알았기 때문입니다. 제 마음에 그려진 대로 이루어짐을 알았기 때문입니다. 하여, 이제는 주님의 말씀대로 이루어진 것을 생각하고 그려보고 상상합니다. 새로운 깨달음을 주신 것을 감사드리며, 예수님의 이름으로 치유기도 드립니다. 아멘.

〈히 11:1, 개역개정〉 "믿음은 바라는 것들의 실상이요 보이지 않는 것들의 증거니"

암이 이미 완치되었음을 선포하는 치유기도

주님,
저는 지금 암이라는 병과 함께 걸어가고 있는 이 순간, 주님의 사랑과 능력을 더욱 간절히 바라며 기도드립니다. 시편 103편 2-3절에서 말씀하신 대로, 주님께서 모든 죄악을 용서하시며 모든 질병을 고치신다고 하셨습니다. 이 약속을 믿으며, 제 몸과 마음이 온전히 치유될 것을 믿습니다.

주님, 제 영혼이 여호와를 송축합니다. 제 안에 있는 두려움과 불안, 염려를 모두 주님께 맡깁니다. 제가 몸과 마음이 지치고, 암과 싸우는 과정에서 힘이 빠질 때마다, 주님께서 펼치시는 치유의 손길이 저에게 임하시기를 기도합니다. 주님의 말씀대로, "그가 네 모든 질병을 고치신다"고 하셨으니, 제 몸에 남아 있는 암세포들이 모두 사라지고, 새로운 세포들이 건강하게 자라나게 하여 주옵소서.

주님, 렉라자 임상신약과 세포독성주사 치료가 제 몸에서 극적인 효험을 보게 해주옵소서. 치료를 받는 모든 순간, 주님의 강력한 힘이 제 몸 안에서 일어나고, 암세포는 더 이상 자라지 않으며, 제 몸과 뇌는 건강을 되찾게 해주옵소서. 이 모든 것이 주님의 은혜와 능력 안에서 이루어지기를 믿습니다.

주님, 제 마음을 평안하게 하시고, 불안과 두려움에서 자유하게 하옵소서. 제가 주님의 사랑 안에서 완전한 치유를 경험하게 하시며, 모든 과정 속에서 주님의 능력과 사랑을 느낄 수 있도록 도와주옵소서. 제 모든 질병이 고침받고, 제 몸과 마음이 새로워짐을 믿으며 감사드립니다.

주님, 제 몸과 영혼을 치유하시고, 이 모든 고난을 지나, 주님께서 주시는 건강과 평안의 길로 인도해 주옵소서. 모든 것을 주님께 맡깁니다. 주님의 뜻 안에서 저는 이미 완치된 것을 믿고, 예수님의 이름으로 치유기도 드립니다. 아멘.

〈시 103:2-3, 개역개정〉 "내 영혼아 여호와를 송축하며 그의 모든 은택을 잊지 말지어다 (3) 그가 네 모든 죄악을 사하시며 네 모든 병을 고치시며"

약 복용 치유기도

주님,
이 시간, 주님께서 허락하신 치유의 도구인, 이 약을 앞에 두고 간구합니다. 사람의 지혜와 손길을 통해 만들어진 이 작은 알약 위에, 주님께서 만지시는 놀라운 치유의 능력을 부어주옵소서. 예수 그리스도의 이름으로 명하노니, 이 약을 통해 내 몸에 들어오는 모든 성분은, 오직 치유와 회복만을 위해 역사할지어다! 질병의 뿌리를 찾아내어 온전히 소멸시킬지어다! 부작용과 해로운 작용은 흔적도 없이 사라질지어다! 이 약이 주님의 생명수가 되어, 내 온몸의 혈관을 따라 흐를지어다! 병든 곳마다 정결하게 하고, 죽어가는 세포에 생기를 불어넣으며, 상처 입은 조직을 새롭게 할지어다! 오직 주님께서 친히 이 약을 사용하시어, 제 몸을 주님의 온전한 성전으로 회복시키실 것을 믿습니다. 예수님의 이름으로 치유기도 드립니다. 아멘.

〈잠 3:8, 개역개정〉 "이것이 네 몸에 양약이 되어 네 골수를 윤택하게 하리라"

약을 먹을 때 드리는 치유기도

로뎀나무 아래로 다가오신 하나님,
그 로뎀나무 아래 누워 고통스러워하던 엘리야에게 천사를 보내셨지요? 어루만지며, 일어나서 먹으라고 하셨지요? 그 음식물의 힘으로, 사십 주 사십 야를 가서, 하나님의 산 호렙에 이르게 하셨지요? 오, 엘리야의 하나님, 지금 이 시간, 저에게도 똑같이 임하여 주옵소서. 이 약 위에, 치유의 능력을 발하시어, 약 효과를 충분히 보게 하시고, 속히 건강을 되찾게 하옵소서. 예수님의 이름으로 치유기도 드립니다. 아멘.

〈왕상 19:5-8, 개역개정〉 "로뎀나무 아래에 누워 자더니 천사가 그를 어루만지며 그에게 이르되 일어나서 먹으라 하는지라 (6) 본즉 머리맡에 숯불에 구운 떡과 한 병 물이 있더라 이에 먹고 마시고 다시 누웠더니 (7) 여호와의 천사가 또 다시 와서 어루만지며 이르되 일어나 먹으라 네가 갈 길을 다 가지 못할까 하노라 하는지라 (8) 이에 일어나 먹고 마시고 그 음식물의 힘을 의지하여 사십 주 사십 야를 가서 하나님의 산 호렙에 이르니라"

어깨수술 전 치유기도

어깨에 정사를 메고 통치하시는 주님,
주님께서 지으신 제 몸의 거룩한 성전 안에, 어깨의 움직임을 묶는 통증의 쇠사슬이 드리워져 있었는데, 이렇게 수술을 받게 해 주시니 감사합니다.

어깨 수술 때문에 생길 상처의 흔적과 불안의 그림자를, 이제 자유로운 움직임과 기쁨으로 회복시켜 주옵소서. 밤낮으로 괴롭히던 고통의 짐을 주님께 내려놓사오니, 주여, 저를 지켜 주옵소서.

예수 그리스도의 이름으로 명하노니, 어깨의 모든 통증과 염증은 완전히 소멸될지어다! 수술로 생길 상처의 흔적은 주님의 보혈 아래 완전히 무력화될지어다! 어깨를 짓누르던 모든 불안과 두려움은 완전히 묶임을 받고 떠나갈지어다!

성령의 능력으로, 어깨의 모든 신경과 근육과 뼈와 인대와 힘줄은, 태초의 건강하고 온전한 상태로 지금 즉시 회복될지어다! 막혔던 어깨의 움직임이 자유로워지고, 모든 기능이 온전히 되살아날지어다!

주님, 수술을 집도하실 의사 선생님과, 곁에서 도우실 간호사들과, 모든 의료진들에게 지혜와 능력을 주옵소서. 가장 적중한 최첨단 수술 도구로 함께 하여 주옵소서. 수술 전 과정을 지켜 주시며, 말씀을 보내시어 치유하여 주옵소서. 마취가 시작될 때부터 깨어날 때까지, 천군 천사를 보내시어, 지켜 주옵소서.

함께 마음 졸이며 중보기도를 올리시는 분들에게도 위로와 건강을 더하여 주옵소서. 이렇게 수술을 앞둔 저를 하늘 아버지의 마음으로 축복하여 주옵소서. 수술 후 온전히 회복된 몸으로, 주님의 나라와 영광을 위해 살아가게 하옵소서.

제 자유로운 팔 움직임과, 건강해진 삶의 기쁨이, 주님의 살아 계심을 간증하는 통로가 되게 하옵소서. 예수 그리스도의 이름으로 수술기도를 드립니다. 아멘.

〈사 9:6, 개역개정〉 "이는 한 아기가 우리에게 났고 한 아들을 우리에게 주신 바 되었는데 그의 '어깨'에는 정사를 메었고 그의 이름은 기묘자라, 모사라, 전능하신 하나님이라, 영존하시는 아버지라, 평강의 왕이라 할 것임이라"

어깨수술 후 치유기도

어깨에 정사를 메고 통치하시는 주님,
주님께서 지으신 제 몸의 거룩한 성전 안에, 어깨의 움직임을 묶는 통증의 쇠사슬이 드리워져 있었는데, 이렇게 수술을 받게 해 주시니 감사합니다.

어깨 수술 때문에 생긴 상처의 흔적과 불안의 그림자를, 이제 자유로운 움직임과 기쁨으로 회복시켜 주옵소서. 밤낮으로 괴롭히던 고통의 짐을 주님께 내려놓사오니, 주여, 저를 지켜 주옵소서.

예수 그리스도의 이름으로 명하노니, 어깨의 모든 통증과 염증은 완전히 소멸될지어다! 수술로 생긴 상처의 흔적은 주님의 보혈 아래 완전히 무력화될지어다! 어깨를 짓누르던 모든 불안과 두려움은 완전히 묶임을 받고 떠나갈지어다!

성령의 능력으로, 어깨의 모든 신경과 근육과 뼈와 인대와 힘줄은, 태초의 건강하고 온전한 상태로 지금 즉시 회복될지어다! 막혔던 어깨의 움직임이 자유로워지고, 모든 기능이 온전히 되살아날지어다!

주님, 수술을 집도하신 의사 선생님과, 곁에서 도우신 간호사들과, 모든 의료진들을 축복하여 주옵소서. 가장 적중한 최첨단 수술 도구로 함께 하여 주셔서 감사합니다. 수술 전 과정을 지켜 주시며, 말씀을 보내시어 치유하여 주셔서 감사합니다. 마취가 시작될 때부터 깨어날 때까지, 천군 천사를 보내시어, 지켜 주셔서 감사합니다.

함께 마음 졸이며 중보기도를 올려주신 분들에게도 위로와 건강을 더하여 주옵소서. 이렇게 수술을 잘 마친 저를 하늘 아버지의 마음으로 축복하여 주옵소서. 재활치료 과정에서도 곁에서 어영차 붙들어 주옵소서. 수술 후 온전히 회복된 몸으로, 주님의 나라와 영광을 위해 살아가게 하옵소서.

제 자유로운 팔 움직임과, 건강해진 삶의 기쁨이, 주님의 살아 계심을 간증하는 통로가 되게 하옵소서. 예수 그리스도의 이름으로 수술 감사기도를 드립니다. 아멘.

〈사 9:6, 개역개정〉 "이는 한 아기가 우리에게 났고 한 아들을 우리에게 주신 바 되었는데 그의 '어깨'에는 정사를 메었고 그의 이름은 기묘자라, 모사라, 전능하신 하나님이라, 영존하시는 아버지라, 평강의 왕이라 할 것임이라"

어깨통증 치유기도

통증을 다스리는 주님,
주님께서 지으신 제 어깨에 지금 통증의 쇠사슬이 드리워져 있습니다. 고통스러운 이 통증이 제 어깨의 자유로운 움직임과 기쁨을 빼앗아 가고 있습니다. 밤낮으로 저를 괴롭히는 이 통증의 짐을 주님께 내려놓습니다. 예수 그리스도의 이름으로 명하노니, 이 어깨의 모든 통증과 염증은 완전히 소멸될지어다! 통증은 주님의 보혈 아래 완전히 무력화될지어다! 어깨를 짓누르는 모든 불안과 두려움은 완전히 묶임을 받고 떠나갈지어다! 성령의 능력으로, 내 어깨의 모든 신경과 근육과 뼈와 인대와 힘줄은, 태초의 건강하고 온전한 상태로, 지금 즉시 회복될지어다! 막혔던 어깨의 움직임이 자유로워지고, 모든 기능이 온전히 되살아날지어다! 온전히 회복된 몸으로, 주님의 나라와 영광을 위해 살아가게 하옵소서. 제 자유로운 어깨의 움직임과, 건강해진 삶의 기쁨이, 주님의 살아 계심을 간증하는 통로가 되게 하옵소서. 예수 그리스도의 이름으로 수술기도 드립니다. 아멘.

〈렘 8:22, 현대어〉 "도대체 길르앗 산지에는 상처를 참지 못하여 몸부림 치는 저들의 통증을 막아 줄 마취약도 없습니까? 저들의 상처를 고쳐 줄 약과 치료할 의사도 없습니까? 도대체 무엇 때문에 이들의 상처는 아물지가 않습니까?"

여성질환 치유기도

저를 여성으로 빚으신 하나님,
제 마음과 몸의 가장 깊은 곳에서 주님의 이름을 찬양합니다. 지금 저는 여성의 몸에 드리워진 고통과 불안 때문에 주님 앞에 섭니다.

주님께서 주신 성전인 이 몸에 스며든 염증의 그림자, 리듬을 잃어버린 몸의 아픔, 생명력을 앗아가는 질병의 슬픔을 주님께 내려놓습니다. 남몰래 삭히던 좌절감과 염려의 그림자를 주님의 빛으로 물리쳐 주옵소서.

주 예수 그리스도의 이름으로 선포합니다. 여성질환의 모든 고통과 염려는 완전히 사라질지어다! 무너졌던 몸의 리듬과 질서는 주님의 보혈 아래 온전함을 되찾을지어다! 모든 상처와 염증은 깨끗하게 씻겨 나갈지어다! 성령의 능력으로, 내 몸의 모든 세포와 기관은 태초의 건강하고 온전한 상태로 지금 즉시 회복될지어다!

주님, 생명의 강물이 온몸을 자유롭게 흐르게 하시고, 온전한 평안과 활력이 제 삶에 임하게 하옵소서. 이제 저는 온전한 몸과 마음으로, 주님이 주신 모든 은혜를, 감사함으로 누리게 될 것을 믿습니다.

제 회복된 건강이 주님의 살아 계심을 간증하는 아름다운 노래가 되게 하옵소서. 예수 그리스도의 이름으로 치유기도 드립니다. 아멘.

〈막 5:25-34, 개역개정〉 "열두 해를 혈루증으로 앓아 온 한 여자가 있어 (26) 많은 의사에게 많은 괴로움을 받았고 가진 것도 다 허비하였으되 아무 효험이 없고 도리어 더 중하여졌던 차에 (27) 예수의 소문을 듣고 무리 가운데 끼어 뒤로 와서 그의 옷에 손을 대니 (28) 이는 내가 그의 옷에만 손을 대어도 구원을 받으리라 생각함일러라 (29) 이에 그의 혈루 근원이 곧 마르매 병이 나은 줄을 몸에 깨달으니라 (30) 예수께서 그 능력이 자기에게서 나간 줄을 곧 스스로 아시고 무리 가운데서 돌이켜 말씀하시되 누가 내 옷에 손을 대었느냐 하시니 (31) 제자들이 여짜오되 무리가 에워싸 미는 것을 보시며 누가 내게 손을 대었느냐 물으시나이까 하되 (32) 예수께서 이 일 행한 여자를 보려고 둘러보시니 (33) 여자가 자기에게 이루어진 일을 알고 두려워하여 떨며 와서 그 앞에 엎드려 모든 사실을 여쭈니 (34) 예수께서 이르시되 딸아 네 믿음이 너를 구원하였으니 평안히 가라 네 병에서 놓여 건강할지어다"

염증 치유기도

주님,
몸의 염증으로 고통받는 저를 주님의 치유하시는 손길 아래 올려드립니다. 이 염증으로 통증과 불편함을 겪으며, 제 마음에도 불안과 걱정이 가득합니다. 주님, 이 모든 것을 긍휼히 여겨 주옵소서. 예수 그리스도의 이름으로, 치유하시는 능력으로, 제 몸의 모든 염증 부위를 만져 주옵소서. 예수님의 이름으로 명령하노니, 불필요한 염증 반응은 완전히 멈출지어다. 건강한 세포들이 제 역할을 회복하게 될지어다. 통증과 부기는 사라질지어다. 몸은 온전하게 회복될지어다. 주님, 제 마음속에 있는 모든 분노와 원망의 불씨를 꺼주옵소서. 용서하지 못한 마음과 스트레스로 생긴 영적인 염증까지도 치유하여 주옵소서. 육체와 영혼의 모든 염증이 사라지고, 주님께서 주시는 참된 평강으로 가득 차게 하옵소서. 이미 치유되었음을 선포하며, 주 예수 그리스도의 이름으로 치유기도 드립니다. 아멘.

〈마 11:28, 개역개정〉 "수고하고 무거운 짐 진 자들아 다 내게로 오라 내가 너희를 쉬게 하리라"

예수님이 내 암도 치유하실 것을 믿으며 드리는 치유기도

예수님,
온 갈릴리에 두루 다니실 때,
가르치시며,
천국 복음을 전파하시며,
백성 중의 모든 병과 모든 약한 것을 고쳐주셨잖아요?
예수님 소문이 온 수리아에 퍼졌을 때,
모든 앓는 자
곧 각종 병에 걸려서 고통당하는 자,
귀신 들린 자,
간질하는 자,
중풍병자들을 데려오니 그들도 고쳐주셨잖아요?
예수님,
예수님은 오늘도 치유하심을 믿습니다.
제 암도 치유하심을 믿습니다.
이미 치유하셨음을 믿습니다.
예수님의 이름으로 치유기도 드립니다. 아멘.

〈마 4:23-24, 개역개정〉 "예수께서 온 갈릴리에 두루 다니사 그들의 회당에서 가르치시며 천국 복음을 전파하시며 백성 중의 모든 병과 모든 약한 것을 고치시니 (24) 그의 소문이 온 수리아에 퍼진지라 사람들이 모든 앓는 자 곧 각종 병에 걸려서 고통당하는 자, 귀신 들린 자, 간질하는 자, 중풍병자들을 데려오니 그들을 고치시더라"

올해가 질병에서 고침받는 은혜의 해가 되기를 소망하는 치유기도

주님,
주님의 성령을 이 시간 저에게 보내 주옵소서. 성령이 저에게 임하심으로, 제가 가난한 자에게 복음을 전하게 하옵소서. 저에게 성령으로 기름을 부으시고, 저를 세상으로 보내 주옵소서. 성령의 능력 안에서, 제가 포로 된 자에게 자유를, 눈먼 자에게 다시 보게 함을 전파하게 하옵소서. 성령의 감동 속에서, 제가 눌린 자를 자유롭게 하고, 주님께서 시작하시는 은혜의 해를 전파하게 하옵소서. 주님, 바로 올해가 저에게 이 모든 질병으로부터 고침받는 은혜의 해가 되게 하옵소서. 예수님의 이름으로 치유기도 드립니다. 아멘.

〈눅 4:18-19, 개역개정〉 "주의 성령이 내게 임하셨으니 이는 가난한 자에게 복음을 전하게 하시려고 내게 기름을 부으시고 나를 보내사 포로 된 자에게 자유를, 눈먼 자에게 다시 보게 함을 전파하며 눌린 자를 자유롭게 하고 (19) 주의 은혜의 해를 전파하게 하려 하심이라 하였더라"

완치를 위한 치유기도

주님,
사람들은 말합니다. 암은 완치가 없다. 이렇게 평생을 가는 것이라고. 그러나 주님, 주님의 말씀은 전혀 다르십니다. 나훔 1장 9절에, "너희는 여호와께 대하여 무엇을 꾀하느냐 그가 온전히 멸하시리니 재난이 다시 일어나지 아니하리라." 주님께서 제 암을 온전히 멸하신다고 하셨습니다. 재난이, 재발이, 전이가, 내성이, 다시 일어나지 아니하리라, 분명히 약속하셨습니다. 주님, 세상은 세상의 말을 들으라고 하지만, 저는 주님의 말씀을 듣고, 더 확신을 갖게 됩니다. 평생을 그렇게 했으니까요! 비록 세상은 저를 두렵게 하지만, 저는 주님을 순전한 마음으로 의지합니다. 제 평생토록, 신선한 건강을 유지하며, 주님의 역사를 간증하겠습니다. 주님, 제 손을 붙잡아 주셔서 감사, 감사합니다. 저를 통하여 영광, 영광 받아주옵소서. 제가 걸어 다니는 기적, 기적이 되게 하옵소서. 예수님의 이름으로 치유기도 드립니다. 아멘.

〈나 1:9, 개역개정〉 "너희는 여호와께 대하여 무엇을 꾀하느냐 그가 온전히 멸하시리니 재난이 다시 일어나지 아니하리라"

완치와 기적을 미리 선포하는 치유기도

주님,
오늘 저는 주님의 이름으로 기도합니다. 요한복음 14장 13-14절의 약속을 붙잡고, 주님께서 약속하신 대로, 제 기도를 들어주시고, 응답하실 것을 믿습니다.

주님, 저는 완치의 은혜를 선포합니다. 제 몸 안에서, 모든 암세포와 질병이 이미 치유되었음을 믿으며, 그 치유의 손길이, 지금 이 순간에도, 제 몸 구석구석에 닿고 있음을 선포합니다.

주님, "내 이름으로 무엇이든지 내게 구하면 내가 행하리라" 하신 주님의 말씀을 믿고, 저는 기도합니다. 폐암 4기와 뇌종양과 녹내장의 모든 증상은 완전히 사라졌습니다. 제 몸과 마음이 완전히 회복되고, 다시는 질병의 흔적이 없게 되었습니다.

주님의 능력으로, 제가 받은 모든 치료가 효능을 발휘하며, 완치의 증거를 제 삶 속에서 보게 될 것을 믿습니다. "내 이름으로 무엇이든지 내게 구하면 내가 행하리라" 하신 주님의 말씀을 붙잡고, 저는 지금 이 순간에도, 기적이 일어날 것임을 선포합니다. 치료 과정 중에도, 불안과 두려움 없이, 담대히 주님의 손길을 믿고 나아갑니다.

주님, 제 몸은 이미 건강해졌습니다. 제 생명은 주님의 손에 붙들려 안전합니다. 모든 병과 고통은 사라졌습니다. 제 몸은 주님께서 강력하게 만지시는 치유의 역사로 가득 차 있습니다.

주님, 이 치유기도를 통해, 제 치유와 회복이 이미 이루어진 것을 선포합니다. 병은 물러갔고, 완치는 지금 이 순간 온전히 이루어졌습니다. 이 믿음으로 제 삶을 온전히 주님께 맡기며, 오늘부터 매일 치유와 회복의 증거를 경험하게 될 것을 믿고 감사드립니다.

주님, 제가 구하는 모든 것이 이루어질 것을 믿습니다. 완치가 제 삶 속에 나타나며, 제 몸과 마음은 새로워지고, 주님의 영광을 드러내는 증거가 될 것입니다. 제 치료와 회복 과정에 함께하시고, 주님의 능력으로 저를 강하게 일으켜주옵소서.

저는 완치된 몸으로, 주님의 은혜를 간증하는 삶을 살아가겠습니다. 감사합니다, 주님! 예수님의 이름으로 미리 완치기도를 드립니다. 아멘.

〈요 14:13-14, 개역개정〉 "너희가 내 이름으로 무엇을 구하든지 내가 행하리니 이는 아버지로 하여금 아들로 말미암아 영광을 받으시게 하려 함이라 (14) 내 이름으로 무엇이든지 내게 구하면 내가 행하리라"

완치와 치유를 미리 선포하는 강력한 치유기도

주님,
저는 오늘 베드로전서 2장 24절의 말씀을 붙잡고 기도합니다. 주님께서 "채찍에 맞음으로 너희는 나음을 얻었나니"라고 하셨습니다. 주님의 고난과 희생을 통해, 이미 모든 병과 질병이 치유되었음을 믿습니다. 이제 저는 그 치유를 제 삶 속에서 경험하며, 완치를 미리 선포합니다.

주님, 저는 주님께서 채찍에 맞으실 때, 이미 나음을 얻었습니다. 제 몸 안에 있는 모든 질병과 암세포는 이미 죽었고, 제 건강은 완전하게 회복되었습니다. 폐암과 뇌종양과 녹내장의 모든 증상은 사라졌고, 제 몸은 주님께서 만지시는 치유의 능력으로, 완전히 새롭게 변화되었습니다. 이제 제 몸 구석구석은 건강과 생명으로 채워져 있습니다.

주님, 주님께서 "친히 나무에 달려 그 몸으로 우리의 죄를 담당하셨으니"라는 말씀을 기억하며, 제 모든 질병과 고통도 이미 주님께서 주님의 가져가 담당하셨음을 믿습니다. 따라서 저는 더 이상 병에 굴복하지 않습니다. 이 모든 질병은 이미 예수님의 이름으로 물러갔습니다. 저는 주님의 보혈로 깨끗하게 되었고, 이제는 새롭게 살아갑니다.

주님, 제가 구하는 모든 치유가 이루어질 것을 믿습니다. 이미 이루어진 완치를 믿고 선포합니다. 제 폐와 뇌와 눈, 그리고 제 몸의 모든 세포는 치유되었고, 제 면역체계는 강하게 회복되었습니다. 주님의 능력으로 저는 새롭게 살아가며, 주님의 영광을 드러내는 삶을 살 것입니다.

주님께서 채찍에 맞으심으로, 저는 나음을 얻었음을 믿고 선포합니다. 모든 두려움과 불안은 사라졌고, 저는 건강하고 강건한 몸으로 나아갑니다. 주님께서 저에게 주신 생명과 건강을 감사드리며, 제 몸과 마음과 영과 혼을 주님의 영광을 위해 온전히 드립니다.

감사합니다, 주님! 저는 완치되었습니다. 이제는 그 기적을 간증하며 살아갈 것입니다. 예수님의 이름으로 치유기도 드립니다. 아멘.

〈벧전 2:24, 개역개정〉 "친히 나무에 달려 그 몸으로 우리 죄를 담당하셨으니 이는 우리로 죄에 대하여 죽고 의에 대하여 살게 하려 하심이라 그가 채찍에 맞음으로 너희는 나음을 얻었나니"

운동부족 치유기도

모든 힘과 활력의 근원이신 주님, 제 마음과 몸의 가장 깊은 곳에서 주님의 이름을 찬양합니다. 지금 저는 제 몸을 향한 무기력함과 게으름의 그림자로 주님 앞에 섭니다. 움직이지 않으려는 의지의 쇠사슬, 활력을 잃어버린 근육의 침묵, 주님이 주신 몸을 소중히 여기지 못하는 어리석음을 주님께 내려놓습니다. 주 예수 그리스도의 이름으로 선포합니다. 내 안에 자리 잡은 게으름과 무기력의 영은 완전히 묶임을 받고 떠나갈지어다! 운동을 방해하는 모든 장애물과 핑계는 주님의 보혈 아래 완전히 사라질지어다! 활력을 잃었던 몸과 마음은 지금 즉시 새로운 힘과 생명을 되찾을지어다! 성령의 능력으로, 내 몸의 모든 근육과 뼈와 신경은 태초의 건강하고 온전한 상태로 회복될지어다! 규칙적인 움직임을 향한 열정과 즐거움이 내 마음에 임할지어다! 모든 활동을 통해 몸과 마음이 강해지고, 주님을 더 기쁘게 섬길 수 있도록 축복하옵소서. 제 회복된 건강과 활력이 주님의 살아 계심을 간증하는 아름다운 노래가 되게 하옵소서. 예수 그리스도의 이름으로 치유기도 드립니다. 아멘.

〈잠 6:9-11, 개역개정〉 "게으른 자여 네가 어느 때까지 누워 있겠느냐 네가 어느 때에 잠이 깨어 일어나겠느냐 (10) 좀더 자자, 좀더 졸자, 손을 모으고 좀더 누워 있자 하면 (11) 네 빈궁이 강도 같이 오며 네 곤핍이 군사 같이 이르리라"

위대한 의사이신 주님께 내 병을 맡기며 드리는 치유기도

주님,
주님께서는 위대한 의사이시니, 제 병을 주님께 맡깁니다. 도와주옵소서. 오래전에 그러셨던 것처럼, 주님의 손을 제 머리에 얹으셔서, 주님께로부터 건강과 온전함이 흘러나오게 하옵소서. 주님의 돌보심 아래 저를 맡깁니다. 제 믿음을 강하게 하셔서, 이제 주님의 기적 같은 치유의 은총이, 저를 다시 건강하고 힘 있게 해주실 것을 믿게 하옵소서. 제가 이렇게 간구할 자격은 없지만, 주님께서는 결코 자격에 따라 은혜를 나눠주시는 분이 아닙니다. 주님께서는 그저 저희를 사랑하셔서 저희의 건강을 회복시켜 주십니다. 진심으로 간구하오니, 저를 위해 그 일을 행하옵소서. 그리하면 제가 주님을 좀 더 신실하게 섬기겠습니다. 예수 그리스도의 이름으로 약속하며 기도드립니다. 아멘.

〈렘 33:6, 쉬운성경〉 "그러나 보아라. 내가 이 성 백성을 치료하여 낫게 해주고 평화와 번영을 누릴 수 있게 해주겠다."

위장장애, 위염, 장염, 역류성 식도염 치유기도

주님,
주님께서 지으신 제 몸의 거룩한 성전 안에, 위장장애와 위염의 어둠이 드리워져 있습니다. 제 식도에는 역류의 고통이 가시처럼 돋아나 있습니다. 제 장에는 염증의 불꽃이 타오르고 있습니다. 십자가의 보혈로 제 모든 죄와 저주를 끊으시고, 채찍에 맞으심으로 제 모든 질병을 짊어지신, 주 예수 그리스도의 이름으로 지금 선포합니다. 예수 그리스도의 이름으로 명하노니, 내 위와 장의 모든 염증과 통증은 완전히 소멸될지어다! 내 식도를 짓누르는 역류의 영은 완전히 무력화될지어다! 이 모든 위장 질환은 내 몸에서 뿌리째 뽑혀 나갈지어다! 성령의 능력으로, 내 위벽과 장 점막의 모든 세포와 조직은, 태초의 건강한 상태로 지금 즉시 회복될지어다! 소화의 강물은 막힘없이 흐르고, 흡수의 땅은 풍요로운 생명력을 되찾을지어다! 이제 온전히 회복된 이 몸으로, 주님의 나라를 위해 살아가게 하옵소서. 제 식탁의 기쁨과 제 삶의 에너지가 주님의 영광을 노래하는 간증이 되게 하옵소서. 예수 그리스도의 이름으로 치유기도 드립니다. 아멘.

〈벧전 2:24, 개역개정〉 "친히 나무에 달려 그 몸으로 우리 죄를 담당하셨으니 이는 우리로 죄에 대하여 죽고 의에 대하여 살게 하려 하심이라 그가 채찍에 맞음으로 너희는 나음을 얻었나니"

육체를 위한 치유기도

주 예수님,
저는 주님이 저를 사랑하시고, 저를 짓누르는 어떤 질병과 고통에서도, 저를 해방하기 위해 오셨다는 것을 압니다. 주님의 치유하시는 능력과 주님의 싱싱한 생명을 제 몸에 보내 주옵소서. 제 몸이 주님께서 창조하신 대로 기능하도록 회복시켜 주옵소서. 제 몸의 질병을 없애시고, 주님의 생명과 건강으로 바꾸어 주옵소서. 관절, 근육, 힘줄의 움직임과 유연성을 회복하여, 다시 한번 자유롭고 힘차게 움직일 수 있게 해주옵소서.

주 예수님, 저에게서 모든 고통을 없애 주옵소서. 제 몸에서 건강에 해로운 세포나 감염을 제거해 주옵소서. 질병을 일으키는 박테리아나 바이러스로부터 제 혈액을 정화시켜 주옵소서.

예수님의 이름으로 명령하노니, 내 몸 모든 암세포에 대한 원수의 권세는 지금 이 시간 즉시 깨뜨려질지어다! 예수 그리스도의 이름으로 명령하노니, 알려졌든 알려지지 않았든, 모든 암세포는 줄어들어, 내 몸에서 없어질지어다!

만일 이 질병을 일으키거나 그것에 붙어 있는 병든 영이 있다면, 예수 그리스도의 이름으로 명하노니, 당장 떠나라, 예수 그리스도께로 가라, 그분께서 선택하시는 대로 처리될지어다!

주 예수님, 예수 그리스도의 이름으로 간구하오니, 제가 겪고 있는 _____이(육체의 질병 이름을 구체적으로 언급한다), 주님께서 태초에 제 몸이 기능하도록 의도하신 대로, 완전히 치유되고 회복되게 하옵소서. 저는 주님께서 저에게 가장 좋은 것이 무엇인지 아시리라 믿습니다. 기적적인 치유를 베풀어 주옵소서. 치유의 자연적인 과정을 가속화시켜 주옵소서. 제 주변 사람들의 모든 두려움과 부정적인 것으로부터 저를 보호해 주옵소서.

(육체의 일부 또는 특정 질병 중, 하나님께 치유해 달라고 요청하는 것이 무엇인지 여기서 구체적으로 아뢰십시오. 가능하면 육체의 해당 부분이나 그 근처에 손을 얹으십시오.)

주 예수님, 당뇨병이나, 다른 내분비 장애(질병 이름)를 치료해 주옵소서. 심장병을 치료해 주옵소서. 자가면역질환(명칭 진단)을 치료해 주옵소서. 척추측만증과 기타 골격 장애, 뼈 질환을 치료해 주옵소서. 실명과 눈 질환(질병 이름)을 치료해 주옵소서. 청력 상실이나 이명을 치료해 주옵소서. 피부나 눈의 모든 상태(질병 이름)를 치유해 주옵소서. 모든 소화 장애를 치료해 주옵소서. 우울증, 정신 질환, 중독을 포함하여, 부정적인 신경학적 상태와 뇌의 화학적 불균형을 치료해 주옵소서.

주님, 저를 돌봐주시는 모든 의사와 의료 전문가를 축복합니다. 주님, 그들을 붙들어 주옵소서. 주님께서 이끄시는 치유의 길을 따르도록 그들에게 지혜를 주옵소서. 의사가 나에게 낙담이나 조기 사망에 관한 말을 했더라도, 그 말이 저에게 어떤 힘도 미치지 못하게 하옵소서. 의사가 한 부정적인 말을 예수님의 이름으로 깨뜨립니다. 부정적인 말은 나에게서 물러갈지어다! 저는 오직 주님 안에서 살고, 주님 안에서 움직이고, 주님 안에서 존재합니다.

주님, 제가 먹어야 할 모든 약을 예수님의 이름으로 축복합니다. 이 약들이 의도하고 있는 치유의 특성만을 받아들입니다. 약의 어떤 부작용도 저의 치유 과정을 방해하지 않게 하옵소서.

주님, 제 병에 제가 어떤 식으로든 기여했는지 보여주옵소서. 만일 제가 주님이나 다른 사람들에게 죄를 지었다면, 보여주옵소서. 제 죄를 주님께 고백하겠습니다. 제 삶의 선택, 습관, 또는 죄가 제 병약한 육체에 어떤 영향을 미쳤는지 밝혀 주옵소서. 제가 지은 죄가 이 병으로 이어졌다면, 주님께 용서를 구합니다.

(필요한 경우, 이렇게 더 자세하게 기도드리십시오.)

주님, 저는 _____(구체적인 행동이나 습관을 말해 주세요)으로 죄를 지었음을 주님께 고백합니다. 저는 다른 사람에게 죄를 지었고, 제 행동으로 그 사람과, 그리고 주님과 관계가 끊어졌음을 주님께 고백합니다. 제 행동을 회개합니다. 용서해 주시고, 제 죄의 결과에서 저를 깨끗이 씻어주시기를 간구합니다. 주님의 자비와 용서를 받아들입니다. 제 용서하지 못함과, 다른 사람에 대한 원망이, 제 영혼과 육신을 오염시키고, 약하게 하였음을 주님께 고백합니다. 저는 _____(이름)에 대하여 용서하지 못함을 회개합니다. 그 사람을 제 심판에서 풀어주고, 복수와 보복에 대한 제 욕구를 내려놓습니다. 제 모든 원통함을 주님께 맡기고, _____(이름)에게 주님을 알 수 있는 은혜를 내려주시기를 간구합니다.

주님, 제 몸 어디에 트라우마가 자리 잡았든, 제 몸과 신경계, 그리고 그 기억이 저장된 세포 속으로 들어오셔서, 두려움, 분노, 혼란, 수치심, 공황을 씻어내 주옵소서. 제 반응을 촉발하는 광경, 소리, 냄새를 치유해 주옵소서. 제 몸과 마음, 영혼의 상처받은 곳에 주님의 치유하시는 사랑과 빛을 보내 주옵소서. 주 예수님, 제 온몸에 밝은 빛을 보내 주시고, 주님께 속하지 않은 모든 것을 깨끗이 씻어주옵소서. 제 몸의 모든 문제 부위에, 주님의 치유하시는 능력을 더해 주옵소서. 제 몸의 모든 세포, 근육, 뼈, 조직, 세포막 위에 주님의 주권을 선포합니다. 치유의 천사들을 보내시어, 저를 만지시고, 주님의 치유하시는 임재와 사랑으로 감싸 주옵소서.

주 예수님, 주님의 자비와 사랑으로, 저를 돌보아 주셔서 감사합니다. 오늘 밤 잠드는 동안에도, 제 안에서 계속 치유해 주옵소서. 깊고 편안한 잠을 주옵소서. 생명을 주는 선한 길로, 주님과 동행하는 법을 보여주옵소서. 예수님, 제 삶에 변함없는 사랑과, 치유의 능력을 주셔서 감사합니다. 예수님의 이름으로 치유기도 드립니다. 아멘.

〈마 4:23-24, 개역개정〉 "예수께서 온 갈릴리에 두루 다니사 그들의 회당에서 가르치시며 천국 복음을 전파하시며 백성 중의 모든 병과 모든 약한 것을 고치시니 (24) 그의 소문이 온 수리아에 퍼진지라 사람들이 모든 앓는 자 곧 각종 병에 걸려서 고통 당하는 자, 귀신 들린 자, 간질하는 자, 중풍병자들을 데려오니 그들을 고치시더라"

의사 선생님을 생각하며 드리는 치유기도

주님,
제 의사 선생님을 생각하며 주님께 감사를 드립니다.
의사 선생님에게 통찰력을 주셔서,
모든 것을 잘 파악하고,
원인을 잘 규명할 수 있게 하옵소서.
의사 선생님의 손을 침착하게 하시고,
주님의 강한 손으로 인도하여 주옵소서.
주님,
의사 선생님의 어깨 너머를 보시고,
주님의 이름으로 치유할 수 있는 능력을
의사 선생님에게 부어 주옵소서.
참 좋은 의사이신,
우리 주 예수 그리스도의 이름으로 치유기도 드립니다. 아멘.

〈눅 13:32, 개역개정〉 "이르시되 너희는 가서 저 여우에게 이르되 오늘과 내일은 내가 귀신을 쫓아내며 병을 고치다가 제삼일에는 완전하여지리라 하라"

의사가 무슨 말을 했더라도 생명을 택하는 치유기도

주님,
방금 전, 의사가 한 말을 들으셨지요? 어안이 벙벙하고, 받아들이기가 참 힘이 듭니다. 그러나 주님, 이런 때일수록, 제가 제 마음을 잘 다스리게 도와주옵소서. 의사가 무슨 말을 했더라도, 흔들리지 않게 하옵소서. 방심도 안 되겠지만, 낙심도 안 하게 하옵소서. 주님께서 오늘, 하늘과 땅을 불러, 저에게 증거를 삼아주옵소서. 주님께서 생명과 사망과 복과 저주를 제 앞에 두셨은즉, 저와 제 자손이 살기 위하여, 생명을 택하게 하옵소서. 말로 죄짓지 않게 하옵소서. 사람을 탓하지 않게 하옵소서. 주님을 원망하지 않게 하옵소서. 이런 때일수록, 더욱 믿음의 거목이 되게 하옵소서. 아내와 자녀들이 저를 진심으로 존경하게 하옵소서. 의사와 간호사들이 저를 진심으로 인정하게 하옵소서. 모두가 무너진다, 무너진다, 할지라도, 저만은 이 순간 생명을 택하게 하옵소서. 지금 이 힘든 순간에도 생명, 생명, 생명, 생명을 불어넣으시는, 생명 되신 예수 그리스도의 이름으로 치유기도 드립니다. 아멘.

〈신 30:19, 개역개정〉 "내가 오늘 하늘과 땅을 불러 너희에게 증거를 삼노라 내가 생명과 사망과 복과 저주를 네 앞에 두었은즉 너와 네 자손이 살기 위하여 생명을 택하고"

의사가 흉한 말을 했을 때 드리는 치유기도

주님,
지금 의사가 한 말을 들으셨지요? 의사가 흉한 말을 하며 제 병실을 떠난 뒤, 제 마음, 왜 이렇게 갈피를 못 잡겠는지요? 이제는 모든 것을 포기해야 하는지요? 흉한 진단, 흉한 통계, 흉한 말, 이것들을 어떻게 받아들여야 하는지요? 주님, 그래도 저는 주님을 믿습니다. 주님께서 주신 약속의 말씀을 붙잡습니다. 저는 흉한 소문을 두려워하지 않겠습니다. 여호와를 의뢰하고, 제 마음을 굳게 정하겠습니다. 주님, 주님이 수치를 당하지 않으시려면, 저를 살려주옵소서. 기적을 베풀어 주옵소서. 죽은 나사로도 살려 주셨지 않습니까? 예수님 친히 무덤 문을 박차고, 다시 사시지 않았습니까? 저도 그 간증의 대열에 서고 싶습니다. 모두가 안 된다고 할 때, 0.1퍼센트의 기적이 있다면, 그 기적이 제 것이 되게 하옵소서. 주님, 주님은 하실 수 있습니다. 주님은 모든 게 가능하십니다. 이 절박함을 받아주옵소서. 길이 막히면 길을 여시는 주님, 저에게 새 길을 열어 주옵소서. 문이 닫히면 문을 여시는 주님, 저에게 다른 쪽 문을 열어 주옵소서. 주님은 하실 수 있습니다. 주님은 모든 게 가능하십니다. 예수님의 이름으로 치유기도 드립니다. 아멘.

〈시 112:7, 개역개정〉 "그는 흉한 소문을 두려워하지 아니함이여 여호와를 의뢰하고 그의 마음을 굳게 정하였도다"

의사들을 위하여 드리는 치유기도

아픈 사람들을 치유하시는 우리 하나님,
의사들이 제 질병을 치유할 수 있는 최첨단 신기술을 발견하게 하옵소서. 제 병을 고칠 수 있는 획기적인 의술을 발표할 수 있도록 번뜩이는 통찰력을 내려주옵소서. 세계적인 임상시험 방법들을 좀 더 많이 찾을 수 있도록 지혜와 총명과 명철을 주옵소서. 의사들이 주야로 저를 고치려고 애쓸 때, 성령께서 그들을 도와주옵소서. 또 그들이 아무리 지쳐 있을 때라도, 예수님께서 그러셨던 것처럼, 언제나 자신의 일을 애정과 인내로 수행할 수 있게 도와주옵소서. 하나님, 제 담당 의사들을 위한 제 간절한 기도를 들으시고, 그들을 하늘에서 크게 축복하여 주옵소서. 예수님의 이름으로 치유기도 드립니다. 아멘.

〈시 41:4, 개역개정〉 "내가 말하기를 여호와여 내게 은혜를 베푸소서 내가 주께 범죄하였사오니 나를 고치소서 하였나이다"

의사보다 크신 하나님께 더 가까이 나아가는 치유기도

하나님,
저는 하나님께 속해 있습니다. 저는 하나님의 소중한 자녀입니다. 저는 하나님의 자랑스러운 면류관입니다. 저는 하나님의 아주아주 특별한 보물입니다. 저는 이 병을 이겨낼 것입니다. 이미 암은 씨가 말라져 가고 있습니다. 승리는 이미 제 것입니다. 단지 시간이 필요할 뿐입니다. 제가 이렇게 확실히 믿는 이유는, 제 안에 계신 이가 세상에 있는 자보다 크시기 때문입니다. 제 안에 계신 하나님이 세상에 있는 의사보다 크시기 때문입니다. 그러므로 하나님, 제 의사 선생님도 제 치유 과정을 보고, 이게 뭐지, 깜짝 놀라게 하여 주옵소서. 제 치료 데이터가 반드시 학계에 발표해야 할, 매우 중대한 임상 결과가 되게 하옵소서. 그래서 제 의사 선생님도 겸손히 하나님의 일하심을 인정하게 하옵소서. 그리하여 하나님, 마침내 제 입술을 통하여, 하나님이 하셨다, 홀로 영광 받으시옵소서. 세상 끝 날까지, 하나님이 하셨습니다, 제 간증을 기뻐 받으시옵소서. 예수님의 이름으로 치유기도 드립니다. 아멘.

〈요일 4:4, 개역개정〉 "자녀들아 너희는 하나님께 속하였고 또 그들을 이기었나니 이는 너희 안에 계신 이가 세상에 있는 자보다 크심이라"

의사보다 하나님을 더 신뢰하는 치유기도

예수님,
마태복음 19장 26절에, 사람으로는 할 수 없으나, 하나님으로서는 다 하실 수 있다고 말씀하셨지요? 지금 저에게 그 말씀이 얼마나 필요한지요. 의사로서는 할 수 없으나, 하나님으로서는 다 하실 수 있습니다. 그 말씀줄 붙잡고 나아가겠습니다. 그 생명줄 붙잡고, 포기하지 않겠습니다. 그 생명줄 붙잡고, 실망하지 않겠습니다. 그 생명줄 붙잡고, 의사의 말에 일희일비하지 않겠습니다. 그 생명줄 붙잡고, 이 험한 파도, 멋진 서핑 선수가 되겠습니다. 예수님, 이 생명줄을 함께 붙잡아 주옵소서. 도와주옵소서. 살려주옵소서. 이 암을 완전히 고쳐주옵소서. 예수님의 이름으로 치유기도 드립니다. 아멘.

〈마 19:26, 개역개정〉 "예수께서 그들을 보시며 이르시되 사람으로는 할 수 없으나 하나님으로서는 다 하실 수 있느니라"

의사에게 충격적인 진단을 들었을 때 드리는 치유기도

주님,
이게 무슨 일입니까? 이대로면 1달밖에 살 수 없다뇨? 그런데 벌써 1주가 지났으니, 3주면 죽는다니요? 도대체 무슨 일이 벌어지고 있는 것입니까? 멍할 뿐입니다. 의사 선생님에게 충격적인 진단을 듣고, 병원을 나오면서 다리가 후들거렸습니다. 그러나 주님, 저는 이제 다시 정신을 차립니다. 마음을 다하여 여호와를 신뢰하겠습니다. 제 명철을 의지하지 않겠습니다. 솔직히 의사 선생님의 냉정한 진단이 밉습니다. 솔직히 두렵습니다. 생존수명이 어쩌니저쩌니, 그놈의 유튜브도 문제입니다. 이 사람 저 사람, 별별 말이 다 있지만, 저는 이제부터 범사에 주님을 인정하겠습니다. 그리하면 제 치유의 길을 지도하시리라 믿습니다. 스스로 지혜롭게 여기지 않겠습니다. 여호와를 경외하며 악을 떠나겠습니다. 이것이 제 몸에 양약이 되어, 제 골수를 윤택하게 하리라 믿습니다. 주님, 저를 불쌍히 여겨 주옵소서. 예수님의 이름으로 치유기도 드립니다. 아멘.

〈잠 3:5-8, 개역개정〉 "너는 마음을 다하여 여호와를 신뢰하고 네 명철을 의지하지 말라 (6) 너는 범사에 그를 인정하라 그리하면 네 길을 지도하시리라 (7) 스스로 지혜롭게 여기지 말지어다 여호와를 경외하며 악을 떠날지어다 (8) 이것이 네 몸에 양약이 되어 네 골수를 윤택하게 하리라"

이렇게 병들게 하심도 감사하다고
느껴질 때 드리는 치유기도

주님!
이렇게 병들게 하심도 감사합니다. 인간의 약함을 깨닫게 해주시기 때문입니다. 가끔 고독의 수렁에 내던져 주심도 감사합니다. 주님과 가까워지는 기도이기 때문입니다. 일이 제대로 안 되게 틀어주심도 감사합니다. 나의 교만을 반성할 수 있기 때문입니다. 아들딸이 걱정거리가 되게 하시고, 부모와 형제자매들이 짐으로 느껴질 때도 있게 하심을 감사합니다. 인간 된 보람을 깨닫게 되기 때문입니다. 먹고 사는 데 힘겹게 하심을 감사합니다. 눈물 젖은 빵을 먹는 심정을 이해할 수 있기 때문입니다. 불의와 위선이 득세하는 시대에 태어난 것도 감사합니다. 하나님의 의가 분명히 드러나기 때문입니다. 땀과 고생의 잔을 맛보게 하심을 감사합니다. 주님의 사랑을 진실로 깨닫기 때문입니다. 주님, 이 모든 일로 감사할 마음을 주심을 감사합니다. 이 모든 일로 하나님과 가까워지는 계기가 되었기 때문입니다. 예수님의 이름으로 치유기도 드립니다. 아멘.

〈고후 4:16, 개역개정〉 "그러므로 우리가 낙심하지 아니하노니 우리의 겉사람은 낡아지나 우리의 속사람은 날로 새로워지도다"

이미 나았음을 확신하는 치유기도

주님,
주님께서 채찍에 맞으셨을 때,
저는 이미 그때 나음을 얻었습니다.
저는 이미 치유되었습니다.
저는 이미 완치되었습니다.
예수님의 이름으로 담대히 선포하며,
두 손 모아 치유기도 드립니다. 아멘.

〈벧전 2:24, 개역개정〉 "친히 나무에 달려 그 몸으로 우리 죄를 담당하셨으니 이는 우리로 죄에 대하여 죽고 의에 대하여 살게 하려 하심이라 그가 채찍에 맞음으로 너희는 나음을 얻었나니"

이미 완치되었음을 선포하는 치유기도

주님,
오늘 저는 이미 이루어진 완치를 선포합니다. 주님의 능력과 사랑이 제 몸에 넘쳐 흐르고, 저는 이제 암의 모든 세력에서 완전히 자유로워졌습니다. 주님, 저는 이제 완전히 치유되었음을 선포합니다. 모든 암세포는 이미 사라졌고, 제 몸은 온전하게 회복되었습니다. 치료의 과정 속에서, 주님의 손길이 함께 하셨고, 제 몸과 마음은 주님의 의도대로 치유되었습니다. 저는 이제 더 이상 병에 얽매이지 않으며, 완전히 건강을 되찾았습니다. 주님, 제 안에 주님의 평안과 치유의 능력이 가득 차 있습니다. 모든 두려움과 불안은 물러가고, 저는 온전히 회복되어 새롭게 태어났습니다. 저는 이미 치유되었고, 앞으로도 주님께서 저와 함께하시며, 모든 것을 인도해 주실 것입니다. 이제 제 몸은 건강하고, 제 마음은 평안하며, 제 삶은 기쁨과 감사로 넘쳐날 것입니다. 저는 이제 병으로부터 완치되었음을 선포합니다. 이 시간, 주님의 사랑과 은혜가 제 삶을 가득 채우고 있음을 믿습니다. 감사합니다, 주님! 제 몸과 삶을 주님께 온전히 맡기며, 완전한 회복과 기쁨을 살아가겠습니다. 이 모든 것이 주님의 은혜임을 고백하며, 주님께 영광을 돌립니다. 예수님의 이름으로 치유기도 드립니다. 아멘.

〈막 11:24, 개역개정〉 "그러므로 내가 너희에게 말하노니 무엇이든지 기도하고 구하는 것은 받은 줄로 믿으라 그리하면 너희에게 그대로 되리라"

이비인후과 치유기도

소리와 향기와 목소리를 창조하신 하나님, 제 마음과 영혼의 가장 깊은 곳에서 주님의 이름을 찬양합니다. 지금 저는 온전한 감각을 잃어버린 고통 가운데 주님 앞에 섭니다. 소리의 강물이 메말라 버린 귀! 자유로운 숨결이 막혀버린 코! 삼키는 기쁨을 앗아간 목의 고통! 이 모든 연약함을 주님의 무한한 사랑 앞에 내려놓습니다. 치유의 빛이 제 귀와 코와 목으로 스며들어, 모든 염증과 통증의 그림자를 몰아내게 하옵소서. 메마른 귀에 다시 소리의 강물이 흐르게 하시고, 막혔던 숨길이 활짝 열려 맑은 공기를 들이마시게 하옵소서. 상처 입은 목을 온전하게 회복시키사, 맑은 음성으로 주님을 찬양하게 하옵소서. 예수 그리스도의 능력으로, 제 몸을 주님께서 창조하신 본디 모습으로 완벽하게 되돌려 주옵소서. 이제 저는 온전한 들음과, 자유로운 숨결, 그리고 맑은 목소리로, 주님의 영광을 노래하는 삶을 살게 될 것을 믿습니다. 모든 감각이 주님을 향한 감사로 충만하게 하옵소서. 예수 그리스도의 이름으로 치유기도 드립니다. 아멘.

〈시 51:15, 개역개정〉 "주여 내 입술을 열어 주소서 내 입이 주를 찬송하여 전파하리이다"

인대, 부상 치유기도

토기장이 하나님,
하나님께서는 제 뼈와 뼈를 잇는 인대를 가장 섬세한 실로 엮으셨고, 그 위에 강건한 근육을 입히셨습니다. 지금 제 몸에 생긴 모든 상처와 끊어진 인대들은 주님의 아름다운 창조를 훼손하고 있습니다. 예수 그리스도의 이름으로 선포하노니, 끊어진 모든 인대는 굳건히 붙고, 찢어진 모든 근육과 조직은 완벽하게 회복될지어다. 성령께서 쏘시는 생명의 불꽃이 상처 난 자리에 임하여, 염증의 불씨는 꺼지고, 통증의 그림자는 사라질지어다. 주님의 영광스러운 빛이 내 몸속 깊은 곳까지 스며들어, 모든 뼈와 힘줄과 살이 새롭게 빚어질지어다. 저는 온전히 치유되어, 가볍고 자유로운 몸으로 주님을 향해 뛰고, 걷고, 섬기게 될 것을 믿습니다. 이 모든 것을 이루실 주님의 권능을 찬양하며, 감사와 승리를 선포합니다. 예수님의 이름으로 치유기도 드립니다. 아멘.

〈행 3:6, 개역개정〉 "베드로가 이르되 은과 금은 내게 없거니와 내게 있는 이것을 네게 주노니 나사렛 예수 그리스도의 이름으로 일어나 걸으라 하고"

④

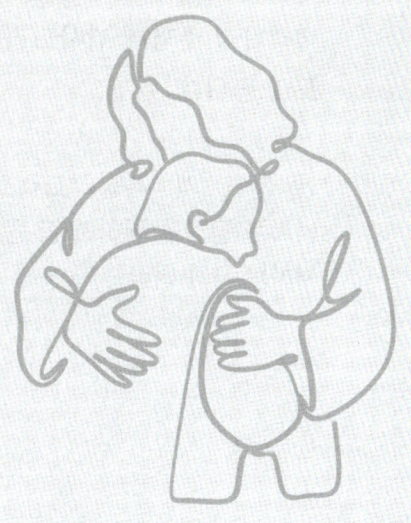

자가면역질환 치유기도

제 영혼과 육체를 다스리시는 주님,
거울을 보며 낯설어진 몸을 마주합니다. 나 자신에게 공격받는 아픔, 사랑했던 내 몸이 이방인이 되어버린 고통을 주님께 드립니다. 주님, 혼돈 속에 갇힌 면역체계에 주님의 질서와 평화를 명하옵소서. 자기 자신을 공격하는 어둠의 영은 예수의 이름으로 명하노니, 떠나갈지어다. 모든 세포와 장기는 창조의 원형으로 돌아가, 온전한 조화를 되찾을지어다. 내 안의 모든 공격성과 분노는 사랑과 용서로 변하여, 생명의 강물이 온몸을 흐르게 하옵소서. 곁에서 함께 아파하는 이들의 눈물을 닦아주시고, 이 낯선 길 위에서 주님의 따뜻한 품을 느끼게 하옵소서. 치유의 새 역사를 써 내려가실 주님께 감사드리며, 예수 그리스도의 이름으로 치유기도 드립니다. 아멘.

〈골 3:15, 개역개정〉 "그리스도의 평강이 너희 마음을 주장하게 하라 너희는 평강을 위하여 한 몸으로 부르심을 받았나니 너희는 또한 감사하는 자가 되라"

잠이 잘 안 올 때 드리는 치유기도

좋으신 아버지,
어떤 밤에는 하나님의 안식으로 들어가 편히 쉬기가 너무 어렵습니다. 질문과 걱정은 종종 저를 지치게 합니다. 그런 생각에 시달릴 때, 제 마음을 진정시켜 주옵소서. 제 몸에 평화를 가져다주옵소서. 무엇보다도 하나님의 말씀이 제 영혼을 달래게 하옵소서. 하나님의 말씀으로 숙면을 취하게 하옵소서. 주 예수의 이름으로 명하노니, 이 모든 불면증은 깨끗이 치유될지어다. 베드로전서 2장 24절 말씀대로, 주님께서 채찍에 맞으실 때, 제 불면증은 이미 치유되었음을 믿음으로 선포합니다. 믿음대로 될지어다. 예수님의 이름으로 간구하며 기도드립니다. 아멘.

〈시 4:8, 개역개정〉 "내가 평안히 눕고 자기도 하리니 나를 안전히 살게 하시는 이는 오직 여호와이시니이다"

장기, 신경, 세포 치유기도

우주 최고의 건축가, 우리 주 하나님,
지쳐 쓰러진 내면의 도시처럼, 제 기능을 잃어버린 장기들을 주님께 드립니다. 끊어진 통신의 강물처럼 길을 잃은 신경과, 혼돈에 빠진 작은 별들처럼 병든 세포들을 불쌍히 여겨 주옵소서. 주님, 주님의 생명 충만한 숨결로 이 모든 곳에 다시 생명을 불어넣어 주옵소서. 병든 세포 하나하나에 치유의 빛을 비추시고, 끊어진 신경의 길을 다시 이어주옵소서. 지쳐 버린 장기들이 본래의 자리에서 온전한 조화를 되찾게 하옵소서. 가장 깊은 곳에 있는 생명의 뿌리까지 온전하게 회복시키시고, 제 몸 전체가 주님의 사랑과 주님의 능력으로 다시 세워지게 하옵소서. 온전히 회복된 모습으로 주님의 영광을 나타내게 하실 것을 믿으며, 예수님의 이름으로 치유기도 드립니다. 아멘.

〈겔 37:5-6, 개역개정〉 "주 여호와께서 이 뼈들에게 이같이 말씀하시기를 내가 생기를 너희에게 들어가게 하리니 너희가 살아나리라 (6) 너희 위에 힘줄을 두고 살을 입히고 가죽으로 덮고 너희 속에 생기를 넣으리니 너희가 살아나리라 또 내가 여호와인 줄 너희가 알리라 하셨다 하라"

장애인들을 위하여 드리는 치유기도

하나님,
듣지 못하거나, 보지 못하거나, 수족을 쓰지 못하거나, 마음이 아픈 장애인들을 전부 하나님께 맡깁니다. 그들을 비탄과 좌절에서 건지시고, 그들의 탄식 한가운데서 기쁨이 솟게 하옵소서. 그들이 하나님을 알고, 또 그들의 삶에 계획하신 하나님의 뜻을 발견함으로써, 평화와 성취감을 누릴 수 있게 하옵소서. 특별히, 그들을 보살피고 있는 사람들을 위해 기도합니다. 그들에게 하나님의 사랑과 친절을 부어 주시고, 자신이 돌보고 있는 이들에게 진정 필요한 것이 무엇인가를 알아채게 하옵소서. 예수님의 이름으로 치유기도 드립니다. 아멘.

〈눅 9:6, 개역개정〉 "제자들이 나가 각 마을에 두루 다니며 곳곳에 복음을 전하며 병을 고치더라"

재발과 내성과 전이를 이겨내고 완치에 이르는 치유기도

주님,
제 안에 두려움과 걱정, 그리고 다시 아프지 않을까 하는 불안이 가득할 때가 있습니다. 재발과 내성과 전이의 그림자가 마음을 짓누르고, 몸의 작은 증상에도 마음이 흔들립니다.

하지만 주님, 제가 이 두려움과 스트레스를 이겨내고, 평안한 마음으로 하루하루를 살아가도록 도와주옵소서. 제 몸 구석구석을 주님의 빛으로 감싸 주옵소서. 모든 암세포가 사라지고, 다시는 돌아오지 않도록 강하게 지켜 주옵소서.

제 몸의 면역력과 회복력을 높여 주시어, 제 몸이 스스로 건강하게 살아 움직이도록 이끌어 주옵소서. 제 마음을 평안으로 채워 주시어, 불안과 공포가 제 마음을 사로잡지 못하게 해주옵소서. 주님의 사랑과 평안이 제 안에 깊이 흘러 들어와, 스트레스가 녹아 없어지고, 마음에 감사와 기쁨이 살아나게 해주옵소서.

주님, 오늘도 제가 살아 숨 쉬며, 사랑하는 사람들과 함께 있는 이 시간이 귀하고 소중하다는 것을 깨닫게 해주셔서 감사합니다. 암이 제 삶을 이끌어 가지 못하게 해주시고, 제가 주님 안에서 매일 건강과 소망을 선택하게 해주옵소서.

주님, 저를 완전히 치유해 주시고, 앞으로 살아갈 삶을 건강과 기쁨으로 가득 채워 주옵소서. 모든 두려움과 걱정을 주님께 맡기며, 주님께서 어루만지시는 치유의 손길을 신뢰합니다. 저는 이미 치유의 길 위에 있으며, 완치로 나아가고 있습니다. 감사합니다, 주님! 예수님의 이름으로 치유기도 드립니다. 아멘.

〈사 53:5, 개역개정〉 "그가 찔림은 우리의 허물 때문이요 그가 상함은 우리의 죄악 때문이라 그가 징계를 받으므로 우리는 평화를 누리고 그가 채찍에 맞으므로 우리는 나음을 받았도다"

전립선 치유기도

주님,
지금 저는 제 몸 깊숙한 곳, 전립선에 드리워진 고통과 불안 때문에 주님 앞에 섭니다. 흐름을 잃은 물길처럼 막혀버린 고통, 밤의 평안을 빼앗아 간 불편함과 두려움을 주님께 내려놓습니다. 남몰래 삭히던 좌절감과 염려의 그림자를 주님의 빛으로 물리쳐 주옵소서. 주 예수 그리스도의 이름으로 선포합니다. 전립선에 자리 잡은 모든 부음과 염증은 완전히 사라질지어다! 막힌 길은 뚫어지고, 흐름을 잃었던 물길은 자유롭게 소통될지어다! 모든 고통과 불편함은 주님의 보혈 아래 소멸될지어다! 성령의 능력으로, 내 몸의 모든 세포는 태초의 건강하고 온전한 상태로 지금 즉시 회복될지어다! 밤에는 온전한 평안을 누리게 하시고, 낮에는 활력을 얻게 하옵소서. 이제 저는 고통 없는 몸으로, 주님이 주신 모든 은혜를 감사함으로 누리게 될 것을 믿습니다. 제 온전한 회복이 주님의 살아 계심을 간증하는 아름다운 노래가 되게 하옵소서. 예수 그리스도의 이름으로 치유기도 드립니다. 아멘.

〈시 4:8, 개역개정〉 "내가 평안히 눕고 자기도 하리니 나를 안전히 살게 하시는 이는 오직 여호와이시니이다"

종기 치유기도

온전케 하시는 주님,
욥의 종기처럼, 제 몸의 한 부분을 고통스럽게 짓누르고 있는 이 종기를 위해, 이 시간 주님 옷자락 붙잡고 간절히 늘어집니다. 보이지 않는 곳에서 곪아 터져가는 고통의 뿌리가 제 몸을 괴롭히고 있사오니, 주님께서 만지시는 능력의 손으로 이 모든 아픔을 만져 주옵소서. 예수 그리스도의 이름으로 명하노니, 고름과 염증의 영은 이 몸에서 떠나갈지어다! 피부 깊숙이 박힌 종기의 모든 뿌리는 뽑혀질지어다! 종기는 터지고, 그 자리에 새살이 돋아나, 아무런 흔적도 없이 깨끗하게 될지어다! 주님의 생명수가 흘러, 고통의 자리를 씻어내시고, 그 자리에 주님의 온전한 회복과 평안이 임하게 하옵소서. 주님께서 친히 치료하시어, 영광 받으실 것을 믿으며, 예수 그리스도의 이름으로 치유기도 드립니다. 아멘.

〈약 5:11, 개역개정〉 "보라 인내하는 자를 우리가 복되다 하나니 너희가 욥의 인내를 들었고 주께서 주신 결말을 보았거니와 주는 가장 자비하시고 긍휼히 여기시는 이시니라"

주사 치유기도

생명의 샘이신 주님,
이 시간, 육체의 연약함을 회복시키는 주사를 앞에 두고 기도합니다. 잠시의 따끔함조차 치유의 통로가 되게 하실 주님의 놀라운 능력을 찬양합니다. 사람의 지혜와 손길을 통해 만들어진 이 작은 바늘 끝에 주님의 권능을 부어 주옵소서. 예수 그리스도의 이름으로 명하노니, 이 몸에 들어오는 모든 주사액은 오직 치유와 회복만을 위해 역사할지어다! 질병의 뿌리를 찾아내어 온전히 소멸시킬지어다! 모든 고통과 두려움은 사라질지어다! 주님의 치유하시는 강물이 이 주사액을 통해 내 온몸을 흐를지어다! 병든 곳마다 생명으로 채울지어다! 상처 입은 조직을 새롭게 할지어다! 주님의 영광을 드러내는 온전한 몸으로 회복될지어다! 주님께서 친히 역사하사, 완벽하게 치유하실 것을 믿으며, 예수 그리스도의 이름으로 치유기도 드립니다. 아멘.

〈사 41:10, 개역개정〉 "두려워하지 말라 내가 너와 함께 함이라 놀라지 말라 나는 네 하나님이 됨이라 내가 너를 굳세게 하리라 참으로 너를 도와 주리라 참으로 나의 의로운 오른손으로 너를 붙들리라"

쥐, 마비 치유기도

주님,
짓누르는 고통의 쇠사슬에 묶여 있는 제 몸을, 이 시간, 주님 앞에 내려놓습니다. 예수 그리스도의 이름으로 명하노니, 내 몸에 쥐를 일으키는 모든 경련의 영은 즉시 묶임을 받고 떠나갈지어다! 뒤틀린 근육의 비명은 완전히 소멸될지어다! 예수 그리스도의 이름으로 명하노니, 마비로 생명을 잃은 나뭇가지처럼 된 모든 부위는 지금 즉시 살아날지어다! 갇혀버린 움직임의 강물은 다시 힘차게 흐를지어다! 손상된 모든 신경은 온전하게 회복될지어다! 굳어진 근육은 부드러워지고, 멈춰진 관절은 자유롭게 움직일지어다! 다시 한번 예수 그리스도의 이름으로 선포하노니, 내 몸에 남아 있는 쥐와 마비는 완전히 끊어지고 사라질지어다! 하나님의 온전한 생명력이 이 몸에 임할지어다! 이제 저는 고통과 묶임에서 완전히 해방되어, 주님의 영광을 위해 춤추고 뛰며 살게 될 것을 믿습니다. 이미 좋아졌다, 승리를 선포하며, 예수님의 이름으로 치유기도 드립니다. 아멘.

〈마 9:6-7, 현대어〉 "인자는 세상에서 죄를 용서할 권세가 있다. 내가 이 사람을 낫게 하여 너희에게 그 증거를 보이겠다' 하며 중풍병자에게 돌아서서 명령하셨다. '네 침상을 들고 집으로 가라. 네 병이 나았다' (7) 그러지 그 사람은 일어나 집으로 돌아갔다."

지방간 치유기도

제 모든 세포를 지으신 주님,
무거운 짐을 진 듯 답답해하는 간의 탄식을 주님께 드립니다. 기름진 안개에 덮여 제 기능을 잃어가는 제 장기를 불쌍히 여겨 주옵소서. 주님, 치유의 빛을 비추시어, 쌓여 있는 굳은 것을 모두 깨끗이 씻어내어 주옵소서. 생수의 강물을 부으사, 메마른 땅이 소생하듯 제 간이 다시 맑고 깨끗해지게 하옵소서. 무거운 짐을 내려놓고 가벼워진 영혼처럼, 온전한 기능을 되찾게 하여 주옵소서. 또한 이 모든 문제를 가져온 제 삶의 습관을 주님께 맡깁니다. 제 식탁과 제 걸음을 인도하시어, 주님 안에서 절제와 지혜를 얻게 하옵소서. 제 몸과 제 마음과 제 영혼이 모두 온전한 자유와 건강을 누리게 하실 것을 믿습니다. 제 연약함을 아시고 돌보시는 주님께 감사드리며, 예수 그리스도의 이름으로 치유기도 드립니다. 아멘.

〈고전 9:25, 현대어〉 "우승을 하려면 달리는 데 온 힘을 쏟기 위해서 모든 것을 절제해야 합니다. 운동선수는 금메달이나 우승컵을 얻으려고 모든 어려움을 극복하고 맹훈련을 하지만, 우리는 결코 사라지지 않는 하늘의 상을 얻으려고 그렇게 애쓰는 것입니다."

질병을 앓을 때 드리는 치유기도

은혜로우신 주님,
주님께서 말씀하셨지요? 주님께서는 우리의 모든 질병을 치유하신다고! 하여, 비오니, 주님, 제 병을 가져가 주옵소서. 제가 느끼는 이 모든 불편함도 가져가 주옵소서. 대신, 주님의 가장 좋은 것을 저에게 주옵소서. 제가 당장 좋아지지 않아도, 감사합니다. 기다리는 동안, 주님의 평안이 저를 채워 주실 수 있기에, 그래도 감사, 그래서 감사, 무조건 감사, 감감감 감사를 드립니다. 성령님, 강하게 더 강하게 일하시옵소서. 주 예수의 이름으로 명하노니, 이 모든 질병은 깨끗이 치유될지어다. 베드로전서 2장 24절 말씀대로, 주님께서 채찍에 맞으실 때, 제 질병은 이미 치유되었음을 믿음으로 선포합니다. 믿음대로 될지어다. 예수님의 이름으로 치유기도 드립니다. 아멘.

〈시 41:1-3, 개역개정〉 "가난한 자를 보살피는 자에게 복이 있음이여 재앙의 날에 여호와께서 그를 건지시리로다 (2) 여호와께서 그를 지키사 살게 하시리니 그가 이 세상에서 복을 받을 것이라 주여 그를 그 원수들의 뜻에 맡기지 마소서 (3) 여호와께서 그를 병상에서 붙드시고 그가 누워 있을 때마다 그의 병을 고쳐주시나이다"

질병의 통계수치에 속지 않는 치유기도

주님,
유튜브를 보기가 겁이 납니다. 제가 치료하고 있는 이 질병에 대한 통계 수치 때문입니다.

주님, 의사들의 말을 듣기도 겁이 납니다. 이 병은 얼마밖에 못 산다, 절망하게 하는 통계 수치 때문입니다. 그들이 말하는 통계 수치는, 보통 10년 전 통계 수치입니다. 지금 제가 참여하고 있는 임상실험은 또 통계가 나오려면, 또 10년 후에나 가능하겠지요.

그런데도 주님, 의사들은 10년 전 통계 수치를 그대로 갖다 들이댑니다. 겁을 줍니다. 왜 저렇게 아무렇지도 않게 말을 하는 것일까요? 제 아픔을 함께 아파하며, 함께 손잡아 주며, 함께 울어 줄 수 있는 의사는 없을까요? 제 두려움을 좀 더 깊이 공감해 줄 수 있는 의사는 없을까요? 좀 더 인격적인 의사는 없을까요? 좀 더 희망을 말하는 의사는 없을까요?

주님, 제가 이런 질통 통계 수치를 과연 이 시점에서 어떻게 받아들여야 하는지요? 조심하라는 말이겠지요? 방심하지 말라는 말이겠지요? 그런데도 겁이 납니다. 제가 용기가 없어서일까요?

주님, 저에게 영적 분별력을 주옵소서. 방심도 낙심도 하지 않게 하옵소서. 밤에 찾아오는 공포와, 낮에 날아드는 화살과, 어두울 때 퍼지는 전염병과, 밝을 때 닥쳐오는 재앙을 두려워하지 않게 하옵소서. 천 명이 제 왼쪽에서, 만 명이 제 오른쪽에서 엎드러지나, 이 재앙이 제게 가까이 하지 못하게 하옵소서.

주님, 오직 주님만 똑똑히 보게 하옵소서. 세상은 이렇게 저렇게 겁을 주지만, 주님은 저를 겁박하지 않으시는 분, 오직 주님 하시는 일만 똑똑히 보게 하옵소서. 예수님의 이름으로 치유기도 드립니다. 아멘.

〈시 91:5-8, 개역개정〉 "너는 밤에 찾아오는 공포와 낮에 날아드는 화살과 (6) 어두울 때 퍼지는 전염병과 밝을 때 닥쳐오는 재앙을 두려워하지 아니하리로다 (7) 천 명이 네 왼쪽에서, 만 명이 네 오른쪽에서 엎드러지나 이 재앙이 네게 가까이 하지 못하리로다 (8) 오직 너는 똑똑히 보리니 악인들의 보응을 네가 보리로다"

척추, 허리, 디스크 치유기도

제 척추와 허리를 창조하신 하나님,
하나님께서는 제 척주와 허리에 생명을 불어넣으신 참된 건축가이십니다. 하나님의 아들 예수 그리스도의 이름으로 명령하노니, 지금 이 순간, 내 척추를 휘감고 있는 모든 통증의 사슬은 끊어질지어다. 디스크의 자리에서 벗어난 모든 것은 제자리로 돌아갈지어다. 하나님께서 비추시는 생명의 빛이 내 허리 깊은 곳까지 스며들지어다. 굳어있던 뼈와 근육은 부드러워질지어다. 염증과 통증은 눈 녹듯 사라질지어다. 주님의 아름다운 설계대로, 제 척추는 하늘을 향해 곧게 뻗어나갈 것이며, 가볍고 자유로운 몸으로 주님을 예배하며 살게 될 것을 믿습니다. 이 모든 것을 이루실 주님의 권능을 찬양합니다. 예수 그리스도의 이름으로 선포하며, 치유기도 드립니다. 아멘.

〈막 11:23, 개역개정〉 "내가 진실로 너희에게 이르노니 누구든지 이 산더러 들리어 바다에 던져지라 하며 그 말하는 것이 이루어질 줄 믿고 마음에 의심하지 아니하면 그대로 되리라"

척추측만증 치유기도

주님,
시편 139편 14절에, "내가 주께 감사하오믐은 나를 지으심이 심히 기묘하심이라"라고 하셨으니, 주님은 본디 제 척추를 온전하고 바르게 창조하셨습니다. 그러므로 온전하게 하시는 주님, 척추측만증으로 고통받는 저를 주님의 치유하시는 손길 아래 올려드립니다. 이 질병으로 몸이 불편하고 고통스러울 뿐만 아니라, 마음속에 불안과 위축감을 느끼고 있사오니, 이 영혼을 긍휼히 여겨 주옵소서. 전능하신 주님의 능력으로, 제 휜 척추를 바로잡아 주옵소서. 예수 그리스도의 이름으로 명하노니, 척추를 지탱하는 모든 근육과 인대는 제자리로 돌아오고, 뼈는 온전하게 정렬될지어다. 척추를 둘러싼 근육과 인대들이 더욱 강건해져서, 내 척추를 바르게 지탱할지어다! 모든 신경의 눌림은 풀리고, 압박에서 벗어나, 정상적인 기능을 회복할지어다! 모든 통증과 불편함은 사라질지어다! 내 척추를 휘게 만들고, 통증을 주는 모든 영적 세력은, 내 몸에서 떠나갈지어다! 내 휘어진 척추는 지금 즉시 곧게 펴질지어다! 뒤틀린 척추뼈들은 제자리를 찾아 완벽하게 정렬될지어다! 저는 눈에 보이는 증상보다 하나님의 말씀을 믿습니다. 이미 치유되었음을 선포하며, 예수님의 이름으로 치유기도 드립니다. 아멘.

〈시 139:13-14, 개역개정〉 "주께서 내 내장을 지으시며 나의 모태에서 나를 만드셨나이다 (14) 내가 주께 감사하오믐은 나를 지으심이 심히 기묘하심이라 주께서 하시는 일이 기이함을 내 영혼이 잘 아나이다"

천사를 보내셔서 도와주시라고 간구하는 치유기도

주님,
급합니다.
아주 급합니다.
주님의 거룩한 천사들을 보내시어,
저와 저희 가족을 섬기게 해주옵소서.
천사들을 급파하시어,
저와 저희 가족들을 지켜 주옵소서.
천군 천사들을 명령하시어,
모든 질병과 해로움과 사고로부터,
저와 저희 가족들을 보호해 주옵소서.
예수님의 이름으로 치유기도 드립니다. 아멘.

〈마 26:53, 개역개정〉 "너는 내가 내 아버지께 구하여 지금 열두 군단 더 되는 천사를 보내시게 할 수 없는 줄로 아느냐"

청각 장애, 귀, 이명, 귓속 상처, 난청 치유기도

주님,
주님께서 지으신 제 몸의 거룩한 성전 안에, 온전한 들음을 방해하는 청각 장애의 묶임이 드리워져 있습니다. 고요함의 평화를 앗아간 이명의 쇠사슬이 저를 짓누르고 있습니다. 귓속에 숨겨진 상처와, 난청의 깊은 침묵이, 제 삶의 기쁨을 빼앗아 가고 있습니다. 예수 그리스도의 이름으로 명하노니, 내 귀의 청각 장애와 난청의 영은 완전히 묶임을 받고 떠나갈지어다! 밤낮으로 나를 괴롭히는 이명의 쇠사슬은 주님의 보혈 아래 완전히 무력화될지어다! 귓속의 모든 상처와 염증은 완전히 소멸될지어다! 성령의 능력으로, 내 귀의 모든 청신경과 세포와 조직은, 태초의 건강하고 온전한 상태로, 지금 즉시 회복될지어다! 막혔던 귀가 열릴지어다! 잃었던 소리가 온전히 들릴지어다! 세상의 아름다운 소리와, 주님의 음성을 맑게 듣는 축복이, 나에게 임할지어다! 이제 온전히 회복된 이 몸으로, 주님의 나라와 영광을 위해 살아가게 하옵소서. 제 맑아진 들음과, 온전해진 삶의 기쁨이, 주님의 살아 계심을 간증하는 통로가 되게 하옵소서. 예수 그리스도의 이름으로 치유기도 드립니다. 아멘.

〈막 7:33-35, 현대어〉 "예수께서는 그 사람을 군중들 틈에서 따로 불러내어 손가락을 그의 양쪽 귀에 넣으셨다가 침을 발라 그의 혀에 대셨다. (34) 그리고 나서 하늘을 우러러 탄식하시며 '에바다' 하고 명령하셨다. 이는 '열려라'라는 뜻이다. (35) 그러자 그 사람은 즉시 귀가 열리고 혀가 풀려서 완전히 듣고 말할 수 있게 되었다."

청각장애인들을 위하여 드리는 치유기도

주님,
저희가 일상적인 소리를 들을 수 있게 해주시니 감사합니다. 음악과, 저희 친구들의 음성과, 라디오 소리, 텔레비전 소리, 화재 경보음, 그리고 모퉁이를 돌아 나오는 자동차의 경적소리를 들을 수 있게 하시니 감사합니다. 이 소리를 전혀 들을 수가 없어서, 자주 혼자라고 느끼는 청각장애인들을, 저희가 배려하게 하옵소서. 그들이 소외감을 덜 느낄 수 있도록 분명하게 말하게 하옵소서. 그들을 가르치는 이들과, 곁에서 돌보는 이들에게도, 인내를 허락하여 주옵소서. 예수 그리스도의 이름으로 치유기도 드립니다. 아멘.

〈막 7:37, 개역개정〉 "사람들이 심히 놀라 이르되 그가 모든 것을 잘 하였도다 못 듣는 사람도 듣게 하고 말 못하는 사람도 말하게 한다 하니라"

축복받은 요소들을 통한 치유기도

주님,
여기 기름(물/소금)이 있습니다.
치유를 위하여 사용하려고 합니다.
이 기름(물/소금)에 축복을 베풀어 주옵소서.
강력한 치유의 요소가 되게 하옵소서.
예수님의 이름으로 치유기도 드립니다. 아멘.

〈민 21:8, 개역개정〉 "여호와께서 모세에게 이르시되 불뱀을 만들어 장대 위에 매달아라 물린 자마다 그것을 보면 살리라."

치과, 사랑니, 스케일링, 임플란트 치유기도

아름다운 질서를 창조하신 하나님, 제 마음과 몸의 가장 깊은 곳에서 주님의 이름을 찬양합니다. 지금 저는 입안에 드리워진 고통과 불안으로 주님 앞에 섭니다. 치아의 뿌리에 스며든 통증, 잇몸에 깃든 염증의 그림자, 온전히 자리 잡지 못한 사랑니의 고통, 그리고 상실의 빈자리, 이 모든 연약함을 주님의 무한한 사랑 앞에 내려놓습니다. 예수 그리스도께서 흘리신 보혈의 능력으로 선포합니다. 치과 치료의 모든 과정 속에서 두려움과 불안은 완전히 사라질지어다! 사랑니가 뿌리째 뽑히는 모든 순간에, 평강과 안식이 임할지어다! 깨끗함을 잃은 모든 흔적이, 스케일링으로 정결하게 될지어다! 임플란트를 심는 모든 과정은, 막힘없이 순조로울지어다! 신경과 잇몸의 모든 상처는, 주님의 보혈로 지금 즉시 아물지어다! 이제 내 입안의 모든 치아와 잇몸은, 태초의 건강함과 온전한 조화를 되찾을지어다! 통증 없는 자유로운 웃음과, 온전한 음식을 즐기는 기쁨을 허락해 주옵소서. 제 회복된 건강과 평안이, 주님의 살아 계심을 간증하는, 아름다운 노래가 되게 하옵소서. 예수 그리스도의 이름으로 치유기도 드립니다. 아멘.

〈시 51:15, 개역개정〉 "주여 내 입술을 열어 주소서 내 입이 주를 찬송하여 전파하리이다"

치료에 지칠 때 드리는 치유기도

하나님,
이제는 너무 지칩니다.
병이 무한정 길어지니, 제 영도 지칩니다.
하나님, 보셨지요?
지금 제 육체와 마음이 너무나 쇠약해져 있습니다.
긴 병에 효자 없다더니, 가족들도 지쳐 있습니다.
배우자에게도 미안합니다.
자녀들에게도 면목이 없습니다.
그러나 하나님,
하나님은 내 마음의 반석이시오,
영원한 분깃이심을 믿습니다.
힘들고 지쳐, 주저앉고 싶지만,
그래도, 그래도,
포기하지 않게 도와주옵소서.
흔들리지 않게 도와주옵소서.
제 마음의 반석이 되어주옵소서.
제 영원한 분깃이 되어주옵소서.
예수님의 이름으로 치유기도 드립니다. 아멘.

〈시 73:26, 개역개정〉 "내 육체와 마음은 쇠약하나 하나님은 내 마음의 반석이시요 영원한 분깃이시라"

치매 치유기도

우리의 가장 깊은 곳을 아시는 주님, 기억의 강물이 말라가고, 안개에 갇힌 듯 길을 잃은 영혼을 주님께 올려드립니다. 흩어져가는 생각의 조각들과, 희미해져 가는 정체성의 아픔을 불쌍히 여겨 주옵소서. 주님, 혼돈 속에 갇힌 마음을 주님의 평화로 만져 주옵소서. 흔들리는 제 영혼에 닻이 되어 주옵소서. 사라져가는 시간 속에서도, 영원히 사라지지 않는 품이 되어주옵소서. 잃어버린 모든 것을, 주님 품 안에서 온전히 찾게 하옵소서. 비록 세상의 기억은 흐려질지라도, 주님의 눈동자 안에 새겨진 그 영혼의 본질은 영원히 변치 않음을 믿습니다. 곁에서 지켜보는 이들의 마음까지도 위로하시고, 이 모든 여정에 함께하여 주옵소서. 영원한 안식과 평화를 주실 주님께 감사드리며, 예수 그리스도의 이름으로 치유기도 드립니다. 아멘.

〈히 13:8, 개역개정〉 "예수 그리스도는 어제나 오늘이나 영원토록 동일하시니라"

치유가 장기화될 때 드리는 치유기도

주님,
치유가 장기화되면서 두렵고 무섭습니다.
과연 나을 수 있을까요?
그러나 주님,
주님은 제 빛이요 제 구원이시니,
제가 누구를 두려워하겠습니까?
주님은 제 생명의 능력이시니,
제가 누구를 무서워하겠습니까?
주님만 바라봅니다.
주님만 의지합니다.
마침내 웃게 해주실,
예수님의 이름으로 치유기도 드립니다. 아멘.

〈시 27:1, 개역개정〉 "여호와는 나의 빛이요 나의 구원이시니 내가 누구를 두려워하리요 여호와는 내 생명의 능력이시니 내가 누구를 무서워하리요"

치유하시는 불꽃을 고대할 때 드리는 치유기도

주님,
주님의 눈은 끝없는 사랑, 그리고 그 사랑 믿지 못하고, 목자 없는 양처럼 되어버린, 뭇사람들의 끊일 줄 모르는 고뇌를, 단번에 알아보십니다. 주님의 눈은 제 가장 은밀한 자아를 꿰뚫어 보시는 뜨거운 불꽃만 같습니다. 그러면서도 그 불꽃은 정화하시고 치유하시는 불꽃인지라 위로를 얻게 됩니다. 비오니, 한없이 자상하시고, 한없이 깊으시고, 한없이 친근하시고, 한없이 고독하시고, 한없이 은근하신, 그 눈으로 저를 품어주옵소서. 예수님의 이름으로 치유기도 드립니다. 아멘.

〈계 2:18, 개역개정〉 "두아디라 교회의 사자에게 편지하라 그 눈이 불꽃 같고 그 발이 빛난 주석과 같은 하나님의 아들이 이르시되"

치질 치유기도

주님,
지금 저는 감추어진 고통과 불편함으로 주님 앞에 섭니다. 앉을 수도, 일어설 수도 없는 고통의 무게, 삶의 평안을 앗아간 염증의 불꽃을 주님께 내려놓습니다. 수치스러움과 좌절감에 드리워진 그림자를 주님의 빛으로 물리쳐 주옵소서. 주 예수 그리스도의 이름으로 선포합니다. 치질로 생긴 모든 고통과 불편함은 완전히 사라질지어다! 몸의 모든 염증과 부음은 주님의 보혈 아래 소멸될지어다! 상한 혈관과 조직은 지금 즉시 치유되고 회복될지어다! 성령의 능력으로, 제 몸의 모든 기능은 태초의 온전하고 건강한 상태로 회복될지어다! 평안의 강물이 흘러 모든 아픔을 가라앉히고, 온전한 치유가 제 삶에 임하게 하옵소서. 이제 저는 고통 없는 몸으로, 주님이 주신 삶의 모든 순간을 감사함으로 누리게 될 것을 믿습니다. 제 온전한 회복이 주님의 사랑을 간증하는 아름다운 노래가 되게 하옵소서. 예수 그리스도의 이름으로 치유기도 드립니다. 아멘.

〈사 53:5, 현대어〉 "그러나 그는 우리의 죄악 때문에 고통을 당하고 우리가 범죄하였기 때문에 그가 무서운 채찍에 맞아 살이 찢어진 것이다. 우리가 범죄하고서도 무사하게 넘긴 것은 그가 대신 형벌을 받았기 때문이다. 그가 우리 대신에 채찍을 맞아 우리 몸이 성하게 되었다."

통증 치유기도

주님,
지금 제 몸을 짓누르는 모든 통증을 주님 앞에 내려놓습니다. 예수님께서 채찍에 맞으심으로, 제 모든 질병이 나음을 얻었음을 믿습니다. 예수 그리스도의 이름으로 명하노니, 내 몸의 모든 부위에 자리 잡은 통증의 영은, 지금 즉시 묶임을 받고 떠나갈지어다! 내 몸의 고통은 완전히 사라질지어다! 염증과 부음은 소멸될지어다! 나사렛 예수의 이름으로 선포합니다. 내 몸의 모든 조직과 신경은 온전하게 회복될지어다! 새로운 힘과 평안이 내 안에 충만할지어다! 어둠의 세력이 가져다준 모든 고통은, 주님의 빛 아래 완전히 소멸될지어다! 다시 한번 예수 그리스도의 이름으로 명하노니, 내 몸에 남아 있는 모든 통증은 완전히 끊어지고 사라질지어다! 하나님의 온전한 치유가 지금 내 몸에 임할지어다! 이제 저는 고통 없는 몸으로, 주님이 주시는 평안과 기쁨을 누리며, 주님의 살아 계심을 간증하는 삶을 살게 될 것을 믿습니다. 예수님의 이름으로 선포하며, 치유기도 드립니다. 아멘.

〈계 21:4, 개역개정〉 "모든 눈물을 그 눈에서 닦아 주시니 다시는 사망이 없고 애통하는 것이나 곡하는 것이나 아픈 것이 다시 있지 아니하리니 처음 것들이 다 지나갔음이러라"

통증과 고통 때문에 짜증이 날 때 드리는 치유기도

주 하나님,
통증과 고통 때문에 짜증이 납니다. 아무것도 할 수 없다는 사실에 신물이 납니다. 아내에게, 자녀들에게, 가족들에게, 주변 사람들에게, 필요 이상의 일을 시키고 있는 게 걱정됩니다. 하나님, 고요한 중에, 저에게 일러 주옵소서. 하나님의 위대하심을! 하나님이 창조하신 세계의 경이로움과 아름다움을! 저를 향한 하나님의 사랑을! 그리고 저를 구원하신 예수 그리스도에 관해서도 일러 주옵소서. 비오니, 하나님, 저에게 이 시간, 갈보리의 고통도 가르쳐 주옵소서. 나아가 부활의 삶도 가르쳐 주옵소서. 그래서 제가 하나님께 더욱더 경배하게 하옵소서. 예수님의 이름으로 치유기도 드립니다. 아멘.

〈마 9:29, 개역개정〉 "이에 예수께서 그들의 눈을 만지시며 이르시되 너희 믿음대로 되라 하시니"

파킨슨 치유기도

조화와 균형을 창조하신 주님,
떨리는 손과 굳어진 걸음, 균형을 잃은 몸을 주님께 드립니다. 갇힌 듯한 몸속에 갇힌 영혼의 고통을 불쌍히 여겨 주옵소서. 주님, 주님의 고요한 손길로 제 몸을 만져 주옵소서. 떨리는 신경들을 잠재우시고, 굳어진 근육들을 풀어주옵소서. 잃어버린 조화를 되찾게 하시고, 무너진 균형 위에 굳건히 서게 하옵소서. 이 모든 어려움 속에서도, 제 마음만은 흔들리지 않는, 평화의 바다가 되게 하옵소서. 날마다 새롭게 돋아나는 힘과 은혜로 이 길을 걷게 하시고, 주님 안에서 온전한 안식을 누리게 하옵소서. 제 몸과 마음을 치유하시고 새롭게 하실 주님께 감사드리며, 예수 그리스도의 이름으로 치유기도 드립니다. 아멘.

〈시 37:24, 개역개정〉 "그는 넘어지나 아주 엎드러지지 아니함은 여호와께서 그의 손으로 붙드심이로다"

폐암 4기, 뇌종양 수술 후 완치를 위한 치유기도

주님,
지금 제 몸과 마음이 너무나도 지치고 두렵습니다. 폐암 4기라는 진단과 녹내장과 뇌종양 수술 후의 회복 과정에서, 매 순간 불안과 두려움이 저를 찾아올 때가 많습니다.

주님, 제 연약함을 아시고, 제 눈물과 두려움을 아시는 주님, 지금 이 순간, 저를 꼭 붙잡아 주시고, 제 마음에 평안을 내려주옵소서.

주님, 지금 먹고 있는 렉라자 임상신약과, 지금 맞고 있는 세포독성주사 병행요법이 제 몸 안에서 강력하게 작용하여, 모든 암세포들을 찾아가 뿌리째 제거되게 해주옵소서.

예수 그리스도의 이름으로 명령하노니, 남아 있는 암세포가 하나도 남김없이 사멸될지어다! 뇌종양과 폐암과 녹내장아, 깨끗이 사멸될지어다! 암세포는 정상세포로 기적처럼 바뀔지어다!

전신 구석구석이 주님의 빛으로 깨끗하게 될지어다! 어떤 내성도 생기지 않게 될지어다! 전이의 길이 완전히 막히게 될지어다! 암이 더 이상 내 삶을 붙잡지 못하게 될지어다!

주님, 뇌종양 수술 후 회복 중인 제 뇌가 온전히 아물게 해주옵소서. 뇌 기능이 정상으로 회복되게 하옵소서. 지끈지끈 두통이 완전히 사라지게 하옵소서. 녹내장이 다시는 저를 괴롭히지 못하도록, 제 눈의 안압이 정상적으로 관리되게 하옵소서. 눈의 부기가 확실하게 빠지게 도와주옵소서.

모든 치료 과정이 부작용 없이 진행되어, 이전보다 더 나은 건강을 누리게 해주옵소서. 제 몸의 면역력과 자연 치유력이 강해지게 해주옵소서. 치료의 효과가 극대화되게 해주옵소서. 제 몸이 스스로 건강과 생명을 회복하도록 이끌어 주옵소서.

주님, 제가 치료받는 이 순간에도, 주님께서 저와 함께하심을 느끼게 해주옵소서. 주님께서 제 주치의가 되어 주셔서, 치료의 길을 안전하게 인도해 주옵소서. 치료 중 느끼는 통증과 피로, 두려움과 불안을 이겨낼 수 있는 담대한 마음을 주옵소서.

제 마음을 평안과 소망으로 채워 주셔서, 제 모든 스트레스가 녹아내리게 해주옵소서. 오늘도 숨 쉬며 살아가는 이 순간이 감사임을 깨닫게 해주옵소서. 살아 있다는 이 싱싱한 느낌을 더욱더 소중히 여기게 해주옵소서. 하루하루 남은 삶, 더욱더 의미 있게 살아가게 하옵소서.

주님, 저는 지금 완치의 길 위에 있음을 미리 선포합니다. 주님의 사랑과 은혜로, 암으로부터 완전히 해방되었음을 미리 선포합니다. 이 모든 고통으로부터 해방되어, 가족들과 기쁨과 감사로 살아갈 날을 주셨음을 미리 선포합니다.

저를 온전히 치유해 주시고, 제 몸과 마음과 영과 혼을 깨끗하게 회복시켜 주셨음을 미리 선포합니다. 제 삶을 건강과 기쁨, 평안으로 가득 채워 주셨음을 미리 선포합니다. 선포한 대로 될지어다!

주님, 제 몸은 이미 완치의 단계에 들어섰습니다. 단계별로 시간이 필요할 뿐입니다. 주님께서 이미 완전히 제 건강을 회복시켜 주셨습니다. 암을 이겨낼 수 있도록 도와주셨습니다. 주님의 사랑 안에서 저는 이미 치유되었습니다.

주님, 주님께 제 모든 두려움과 병을 맡겨드립니다. 주님의 치유하시는 손길을 신뢰합니다. 감사합니다, 주님! 예수님의 이름으로 선포하며, 치유기도 드립니다. 아멘.

〈출 15:26, 개역개정〉 "이르시되 너희가 너희 하나님 나 여호와의 말을 들어 순종하고 내가 보기에 의를 행하며 내 계명에 귀를 기울이며 내 모든 규례를 지키면 내가 애굽 사람에게 내린 모든 질병 중 하나도 너희에게 내리지 아니하리니 나는 너희를 치료하는 여호와임이라"

피부, 발진, 여드름, 피부건조증, 아토피피부염 치유기도

아름다움으로 만물을 창조하시는 하나님,
주님께서 지으신 제 몸에, 피부의 정결함과 아름다움을 빼앗아 간 발진과 여드름, 그리고 건조함의 갈증이 드리워져 있습니다. 피부의 평화를 앗아간 아토피 피부염의 고통이 저를 짓누르고 있습니다. 예수 그리스도의 이름으로 명하노니, 피부의 정결함을 파괴한 모든 발진과 염증은 완전히 소멸될지어다! 피부의 빛을 가린 여드름과 뾰루지와 트러블의 그림자는 완전히 사라질지어다! 피부의 수분을 앗아간 건조함의 영은 묶임을 받고 떠나갈지어다! 아토피 피부염의 고통과 가려움은 주님의 보혈 아래 완전히 무력화될지어다! 성령의 능력으로, 내 피부의 모든 세포와 조직은 태초의 건강하고 아름다운 상태로 지금 즉시 회복될지어다! 피부의 장벽은 견고해지고, 수분의 강물은 마르지 않게 흐를지어다! 피지와 각질로 막힌 모공은 시원하게 뚫릴지어다! 피부 염증을 일으키는 각종 균은 즉시 사라질지어다! 모든 피부 트러블은 고요한 호수처럼 잔잔해질지어다! 피부의 평화와 아름다움이 다시 회복될지어다! 이제 온전히 회복된 이 몸으로 주님의 나라를 위해 살아가게 하옵소서. 제 맑아진 피부와 제 삶의 기쁨이 주님의 영광을 노래하는 간증이 되게 하옵소서. 예수님의 이름으로 치유기도 드립니다. 아멘.

〈겔 37:6, 현대어〉 "내가 너희 뼈에서 힘줄과 살이 돋아나게 하고 그 위에 피부를 입힌 뒤 다시 살아나도록 너희 속에 네 숨을 불어넣어 주겠다. 그러면 내가 주님이라는 것을 너희가 깨닫게 될 것이다.'"

피부병, 옴, 흑색종, 색점 치유기도

주님,
제 피부에 고통의 흠이 생겨났습니다. 가려움과 건조함, 발진의 그림자가 제 삶의 평화를 앗아가고 있습니다. 피부에 침투한 옴의 영은 제 몸의 거룩함을 더럽히고 있습니다. 흑색종이라는 어둠의 뿌리는 제게 공포를 안겨줍니다. 빛을 잃고 얼룩진 색점의 흔적은 제 아름다움을 가리고 있습니다. 예수 그리스도의 이름으로 명하노니, 내 몸의 모든 피부병과 발진의 염증은 완전히 소멸될지어다! 가려움과 고통을 유발하는 옴의 영은 완전히 묶임을 받고 떠나갈지어다! 흑색종이라는 어둠의 뿌리는 주님의 보혈 아래 완전히 무력화될지어다! 모든 색점의 흔적은 성령의 능력으로 깨끗하게 지워질지어다! 성령의 능력으로, 내 피부의 모든 세포와 조직은 태초의 깨끗함과 건강한 상태로 지금 즉시 회복될지어다! 주님께서 보시기에 좋았던 그 모습 그대로 치유될지어다! 빛나는 피부와 정결한 아름다움이 내 몸에 다시 나타날지어다! 이제 온전히 회복된 이 몸으로, 주님의 나라와 영광을 위해 살아가게 하옵소서. 제 피부의 치유가 주님의 살아 계심을 간증하는 통로가 되게 하옵소서. 예수님의 이름으로 치유기도 드립니다. 아멘.

〈요일 4:16, 현대어〉 "우리는 너무나도 크신 하나님의 사랑을 피부로 느끼고 있습니다. 또 우리를 극진히 사랑하신다고 말씀하신 하나님을 믿고 있습니다. 하나님은 사랑이십니다. 그러므로 누구든지 사랑 가운데 사는 사람은 하나님과 함께 사는 것이며 하나님께서도 그 사람 안에 계시는 것입니다."

하늘의 약으로 기적적인 치유를 바라는 치유기도

여호와 라파, 치료하시는 하나님,
하나님께서는 못 고치시는 병이 없사오니,
하늘의 약을 고대하는
이 종을 불쌍히 여기사,
온갖 병들을 제거해 주옵소서.
저에게 하나님의 치유하시는
능력을 보여주옵소서.
제 몸과 제 마음과 제 영과 제 혼이
완전해지도록 도와주옵소서.
우리 주 예수 그리스도의 이름으로 치유기도 드립니다. 아멘.

〈계 22:1-2, 개역개정〉 "또 그가 수정같이 맑은 생명수의 강을 내게 보이니 하나님과 및 어린 양의 보좌로부터 나와서 (2) 길 가운데로 흐르더라 강 좌우에 생명나무가 있어 열두 가지 열매를 맺되 달마다 그 열매를 맺고 그 나무 잎사귀들은 만국을 치료하기 위하여 있더라"

항암 부작용 치유기도

회복시키시는 하나님,
이 시간, 치유의 여정에서 불가피하게 찾아온 항암의 잔재와, 고통의 그림자 아래 있는 저를 긍휼히 여겨 주옵소서. 주님께서 펼치시는 능력의 손으로, 이 모든 아픔을 만져 주옵소서. 예수 그리스도의 이름으로 명하노니, 몸과 마음을 괴롭히는 모든 오심과 구토의 영은 떠나갈지어다! 위장과 신경은 잔잔한 평강의 바다를 누릴지어다! 뼈마디를 짓누르는 깊은 무력감과 피로는 사라지고, 독수리가 날개 치며 올라감 같은 새 힘이 충만할지어다! 이 몸의 모든 세포는 주님의 생기(生氣)로 채워질지어다! 골수를 괴롭히는 독성 잔재는 정결하게 제거될지어다! 주님의 십자가에서 흘러나오는 깨끗한 생명의 피가 힘 있게 생성될지어다! 면역 시스템은 강한 방패가 되어, 모든 감염의 공격을 막아낼지어다! 손끝과 발끝의 모든 저림과 신경증, 구강의 염증과 고통은 녹아내릴지어다! 이 몸, 이 시간, 주님의 날개깃 아래 피하오니, 날마다, 시마다, 때마다, 하늘에서 천군 천사를 보내시어, 안전하게 덮어주옵소서. 주님의 숲에서 퍼주시는 주님의 생명수가 온몸에 흘러, 모든 조직과 세포가 완전한 안식과 회복을 얻게 하실 것을 믿습니다. 우리 주 예수 그리스도의 이름으로 치유기도 드립니다. 아멘.

〈시 91:4, 개역개정〉 "그가 너를 그의 깃으로 덮으시리니 네가 그의 날개 아래에 피하리로다 그의 진실함은 방패와 손 방패가 되시나니"

항암 전인치료 치유기도

-항암 전인치료(Holistic Wholeness) 치유기도

전인적인 치유를 완성하시는 주님,
주님께서는 데살로니가전서 5장 23절에, "평강의 하나님이 친히 너희를 온전히 거룩하게 하시고 또 너희의 온 영과 혼과 몸이 우리 주 예수 그리스도께서 강림하실 때에 흠 없게 보전되기를 원하노라"라고 말씀하셨지요? 그 말씀에 근거해서, 이 시간, 제 영(Spirit)과 혼(Soul)과 몸(Body), 모든 영역에서, 주님의 전인적인 치유가 임할 것을 선포합니다. 예수 그리스도의 이름으로 명하노니, 내 영혼은 하나님의 창조 설계 그대로 완벽하게 복원될지어다! 어떤 질병의 흔적도 내 영과 혼과 몸에 남지 않을지어다! 전인적인 치유를 통해, 주님께서 반드시 살아 계신다는 것을 간증하는 영광의 증거가 될 것을 믿습니다. 예수 그리스도의 이름으로 치유기도 드립니다. 아멘.

-항암 식사치료 치유기도

생명의 양식을 주관하시는 하나님,
하나님께서는 창세기 1장 29절에, "내가 온 지면의 씨 맺는 모든 채소와 씨 가진 열매 맺는 모든 나무를 너희에게 주노니 너희의 먹을거리가 되리라"라고 말씀하셨지요? 그 말씀에 근거하여, 이 시간, 육체의 성전을 세우는 귀한 식사 위에, 주님의 치유하시

는 능력을 강하게 부어 주옵소서. 이 모든 음식이 온전한 약이 되게 하옵소서. 예수 그리스도의 이름으로 명하노니, 입으로 들어가는 모든 음식물은 오직 치유의 에너지로 변할지어다! 암세포의 성장을 돕는 모든 양분은 철저히 차단될지어다! 모든 소화 통로는 막힘없이 열리고, 영양분은 완벽히 흡수되어, 건강한 세포만을 살릴 것을 믿습니다. 예수 그리스도의 이름으로 치유기도 드립니다. 아멘.

-항암 운동치료 치유기도

새 힘과 활력의 근원이신 주님,
이 시간, 육체의 회복을 위한 항암 운동 위에, 성령의 기름 부음을 허락하옵소서. 모든 움직임이 생명의 활력소가 되게 하옵소서. 예수 그리스도의 이름으로 명하노니, 뼈마디를 짓누르는 모든 피로는 사라지고, 근육과 관절은 완전히 회복될지어다! 림프와 혈액의 흐름은 강물처럼 순환할지어다! 움직일 때마다 온전한 치유가 완성되어, 주님의 영광을 드러내는 강건한 몸이 될 것을 믿습니다. 예수 그리스도의 이름으로 치유기도 드립니다. 아멘.

-항암 맨발치료 치유기도

땅의 지력을 주관하시는 주님,
이 시간, 맨발로 땅을 밟는 행위 위에, 주님의 창조 질서를 회복하는 능력을 부어주옵소서. 예수 그리스도의 이름으로 명하노니, 땅의 순수한 치유 에너지는 발끝을 통해 온몸에 흘러 모든 독소를 정화할지어다! 손끝과 발끝의 모든 신경증은 즉시 치유될지어다!

질병의 모든 부정적인 에너지는 땅속으로 완전히 방출될지어다! 이 맨발 걷기를 통하여, 온전한 치유를 완성하실 것을 믿습니다. 예수 그리스도의 이름으로 치유기도 드립니다. 아멘.

-항암 숲속치료 치유기도

생명의 호흡이신 주님,
이 시간, 숲속의 맑은 공기와 향기와 피톤치드 위에, 주님의 권능을 부어 주옵소서. 예수 그리스도의 이름으로 명하노니, 들이마시는 모든 공기는 생명의 호흡이 되어, 폐와 기관지를 정화할지어다! 숨결마다 치유의 산소가 되어, 암세포가 숨 쉬는 모든 저산소 공간을 불의 칼로 공격할지어다! 이 치료를 통하여, 육체가 온전히 맑아지고 회복될 것을 믿습니다. 예수 그리스도의 이름으로 치유기도 드립니다. 아멘.

-항암 동양의학/한방치료 치유기도

생명의 균형을 잡으시는 주님,
이 시간, 음양오행의 조화를 찾는 한방치료 위에, 주님의 궁극적인 지혜를 부어 주옵소서. 예수 그리스도의 이름으로 명하노니, 온몸 구석구석 막힌 기의 흐름은 완전히 뚫릴지어다! 질병 때문에 생긴 모든 불균형은 즉시 바로잡힐지어다! 나쁜 기운과 독소는 뿌리째 뽑혀 소멸되고, 생명의 기운이 넘쳐흐를지어다! 이 치료를 통하여, 온전한 조화를 회복하게 하실 것을 믿습니다. 예수 그리스도의 이름으로 치유기도 드립니다. 아멘.

-항암 대체요법(Alternative Therapy) 치유기도

미지의 치유를 주관하시는 주님,
이 시간, 인간의 지혜와 경험으로 찾아낸 보조적인 모든 도구 위에, 주님의 놀라운 능력을 더하여 주옵소서. 예수 그리스도의 이름으로 명하노니, 이 대체요법을 통하여, 영육 간의 모든 불균형은 해소될지어다! 이 대체요법이 주된 치료와 완벽한 조화를 이루어 온전한 회복을 완성할 것을 믿습니다. 예수 그리스도의 이름으로 치유기도 드립니다. 아멘.

-항암 자연치료(Natural Therapy) 치유기도

창조의 주 하나님,
하나님께서는 시편 103편 5절에, "좋은 것으로 네 소원을 만족하게 하사 네 청춘을 독수리같이 새롭게" 하신다고 말씀하셨지요? 그 말씀에 근거하여, 이 시간, 주님께서 창조하신 자연의 순수한 에너지를 통하여, 제 암이 온전히 치유되기를 기도합니다. 예수 그리스도의 이름으로 명하노니, 자연의 모든 순수한 요소들은 암세포의 독성을 제거하는 정화제가 될지어다! 이 모든 자연의 치유력이 주님의 창조 질서대로 완벽하게 작동할지어다! 이 자연치료를 통하여, 제 육체가 새롭게 거듭날 것을 믿습니다. 예수 그리스도의 이름으로 치유기도 드립니다. 아멘.

-항암 마음치료(Mind Therapy) 치유기도

제 생각과 마음을 주관하시는 주님,

주님께서는 요한삼서 1장 2절에, "사랑하는 자여, 네 영혼이 잘됨 같이 네가 범사에 잘되고 강건하기를 내가 간구하노라"라고 말씀 하셨지요? 그 말씀에 근거하여, 이 시간, 제 마음의 밭에 뿌리 내린 모든 암의 씨앗을 제거하기 위해 간구합니다. 예수 그리스도의 이름으로 명하노니, 암으로 생긴 모든 불안과 두려움의 사슬은 끊어질지어다! 마음의 모든 강한 진과 요새는 완전히 무너질지어다! 내 영혼의 생각과 감정은 그리스도의 평강으로 가득 채워질지어다! 예수 그리스도의 이름으로 치유기도 드립니다. 아멘.

-항암 음악치료 치유기도

화음의 주관자이신 주님,
이 시간, 치유의 선율을 통하여, 제 영혼과 육체의 모든 찌꺼기가 정화되기를 기도합니다. 예수 그리스도의 이름으로 명하노니, 음악의 모든 리듬과 멜로디는 내 영혼의 막힌 통로를 뚫을지어다! 내 몸 안에 존재하는 모든 불협화음과 혼돈의 진동은 사라질지어다! 주님께서 부르시는 사랑의 노래가 이 자리, 내 온몸을 감싸, 완벽한 조화와 평안을 이루게 하실 것을 믿습니다. 예수님의 이름으로 치유기도 드립니다. 아멘.

-항암 미술치료 치유기도

아름다우신 주님,
이 시간, 미술 활동을 통하여, 억눌린 고통의 감정이 정화되기를 기도합니다. 예수 그리스도의 이름으로 명하노니, 붓과 색깔을 통하여, 모든 슬픔과 두려움의 짐은 옮겨질지어다! 내 영혼의 비전 속에, 치유와 생명의 색깔이 가득 채워질지어다! 미술치료를 통하여, 새로운 창조의 기쁨을 경험하고, 영혼의 자유를 얻게 하실 것을 믿습니다. 예수 그리스도의 이름으로 치유기도 드립니다. 아멘.

-항암 독서치료 치유기도

지혜와 계시의 영이신 주님,
이 시간, 책장의 모든 기록 위에, 주님의 살아 있는 권능을 부어 주옵소서. 이 독서가 제 영혼과 육체를 치유하는 능력의 도구가 되게 하옵소서. 예수 그리스도의 이름으로 명하노니, 책 속의 모든 활자들은 생명의 활력소가 되어, 내 세포와 신경을 자극할지어다! 이 독서를 통하여, 내 영혼에 묶여 있던 모든 슬픔과 두려움은 해소되고 떠나갈지어다! 내 마음은 빛의 기록만을 받아들여, 암에 대한 모든 부정적인 그림자는 완전히 지워질지어다! 책의 모든 페이지를 넘길 때마다, 새로운 소망과 강력한 치유가 완성될 것을 믿습니다. 예수 그리스도의 이름으로 치유기도 드립니다. 아멘.

-항암 영화치료, 드라마치료 치유기도

빛과 영상의 창조자이신 하나님,
이 시간, 스크린과 화면을 통해 전달되는 모든 영화와 드라마 위에, 주님의 치유와 안식의 권능을 부어 주시기를 간구합니다. 예수 그리스도의 이름으로 명하노니, 스크린의 모든 장면과 이야기는 내 영혼 깊은 곳에 희망의 씨앗이 될지어다! 주인공의 용기와 승리의 에너지는 내 몸에 그대로 전이되어 충만할지어다! 영화와 드라마를 통하여, 내 고통스런 감정의 매듭은 풀어지고, 억눌렸던 슬픔과 분노는 완전히 해소될지어다! 내 영혼의 잠재의식은 오직 치유와 회복이라는 긍정적인 메시지만 받아들일지어다! 모든 어둡고 절망적인 영상은 주님의 빛 앞에서 그 힘을 잃고 사라질지어다! 이 영화와 드라마를 보는 시간이, 제 마음과 육체를 소생시키는, 거룩한 치유의 통로가 될 것을 믿습니다. 예수님의 이름으로 치유기도 드립니다. 아멘.

-항암 웃음치료 치유기도

기쁨의 근원이 되시는 주님,
주님께서는 잠언 17장 22절에, "마음의 즐거움은 양약이라도 심령의 근심은 뼈를 마르게 하느니라"라고 말씀하셨지요? 그 말씀에 근거하여, 이 시간, 웃음의 능력을 통해, 제 몸과 마음이 해방되기를 간구합니다. 예수 그리스도의 이름으로 명하노니, 내 영혼 저 깊은 곳에서 기쁨의 샘이 터져 넘칠지어다! 웃음이 터져 나와, 내 몸을 묶는 모든 긴장과 고통의 사슬을 끊어낼지어다! 주님의 기쁨이 내 영혼 최고의 치료약이 되어, 치유의 역사가 폭발적으로 나타날 것을 믿습니다. 예수님의 이름으로 치유기도 드립니다. 아멘.

-항암 여행치료 치유기도

쉼의 근원이신 주님,
이 시간, 새로운 환경을 찾아가는 여행의 여정 위에, 주님의 안식을 부어 주옵소서. 예수 그리스도의 이름으로 명하노니, 새로운 환경은 내 영혼의 피로를 완전히 씻어낼지어다! 주님의 축복 안에서, 온전한 쉼과 충만한 기쁨이 임할지어다! 이 여행을 통하여, 마음의 짐은 사라지고, 새로운 활력을 얻어 돌아올 것을 믿습니다. 예수님의 이름으로 치유기도 드립니다. 아멘.

-항암 관계치료 치유기도

화목케 하시는 주님,
이 시간, 질병의 뿌리가 될 수 있는 모든 관계의 쓴 뿌리를 제거하기 위해 간구합니다. 예수 그리스도의 이름으로 명하노니, 모든 갈등과 오해의 사슬은 끊어지고, 용서의 영이 충만할지어다! 모든 관계 속에 주님의 평강이 임하여, 생명의 교류가 회복될지어다! 사랑과 화평을 통하여, 제 영혼이 온전한 치유를 경험할 것을 믿습니다. 예수님의 이름으로 치유기도 드립니다. 아멘.

-항암 부부치료 치유기도

사랑과 언약의 주님,
이 시간, 저희 부부가 그리스도 예수 안에서, 둘이 하나 되어, 강력한 치유의 방패가 되기를 간구합니다. 예수 그리스도의 이름으로 명하노니, 우리 부부 사이에 존재하는 모든 불안과 분열은 떠나갈지어다! 사랑과 믿음의 띠가 더욱 견고해져, 강력한 치유의 요새가 세워질지어다! 저희 부부의 합심기도가 하늘 아버지의 권능을 끌어내어, 기적을 완성할 것을 믿습니다. 예수 그리스도의 이름으로 치유기도 드립니다. 아멘.

-항암 가족치료 치유기도

치유의 공동체를 이루신 주님,
주님께서는 골로새서 3장 14절에, "이 모든 것 위에 사랑을 더하라 이는 온전하게 매는 띠니라"라고 말씀하셨지요? 그 말씀에 근거하여, 이 시간, 저희 가족 구성원 전체가 치유공동체라는 사랑의 망으로 연결되기를 간구합니다. 예수 그리스도의 이름으로 명하노니, 가족 대대로 내려오는 모든 질병의 저주는 끊어질지어다! 우리 가족 구성원들의 모든 무거운 짐과 슬픔은 주님께 옮겨질지어다! 저희 가족 공동체 위에, 사랑과 안식의 치유가 강력히 임하여, 온전한 회복을 볼 것을 믿습니다. 예수 그리스도의 이름으로 치유기도 드립니다. 아멘.

-항암 냉온치료(Hyperthermia & Hypothermia) 치유기도

열과 온도를 주관하시는 하나님,
이 시간, 온도 차이의 능력을 통하여 역사하시는 항암 냉온치료 위에, 주님의 놀라운 권능을 부어 주시기를 간절히 기도합니다. 이 치료가 온전한 치유의 도구가 되게 하옵소서. 예수 그리스도의 이름으로 명하노니, 치료에 사용되는 뜨거운 열은 성령의 불이 되어, 암세포의 핵심만을 찌를지어다! 악성 종양의 구조는 그 열 앞에 녹아내리고 사멸될지어다! 또한 차가운 냉기는 심판의 서리가 되어, 암세포를 결정처럼 얼게 하고 부수어, 흔적도 없이 파괴할지어다! 이 모든 과정에서, 주변의 선한 조직은 주님의 보호막 아래 완벽히 안전할지어다! 주님께서 이 치료를 통하여, 암세포를 정확하게 구별하여 멸하시고, 이 몸에 완전한 회복과 새 생

명을 허락하실 것을 믿습니다. 예수 그리스도의 이름으로 치유기도 드립니다. 아멘.

-항암 목욕치료(Bath Therapy) 치유기도

생명의 물을 주관하시는 주님,
이 시간, 목욕을 통해 이 몸의 모든 독소가 정화되고, 온전한 회복의 역사가 나타나기를 간구합니다. 예수 그리스도의 이름으로 명하오니, 몸을 감싸는 따뜻한 물은 주님의 사랑이 되어, 세포 하나하나를 부드럽게 감싸고, 치유의 에너지를 흘려보낼지어다! 물속에 녹아드는 모든 성분은 생명의 약재가 되어, 피부와 모공을 통해, 모든 독성을 흡수하고 정화시킬지어다! 또한 이 목욕을 통하여, 마음의 모든 근심과 염려는 씻겨 내려갈지어다! 물방울마다 주님의 평강과 안식을 담아, 영혼까지 시원하게 할지어다! 이 목욕이 단순한 휴식이 아니라, 영혼과 육체의 온전한 치유를 이루는, 거룩한 시간이 될 것을 믿습니다. 예수 그리스도의 이름으로 치유기도 드립니다. 아멘.

-항암 고주파온열기(Radiofrequency Hyperthermia) 치유기도

열 에너지와 파동을 주관하시는 주님,
이 시간, 인간의 지혜로 만든 고주파 온열기 위에, 주님의 놀라운 권능을 부어 주시기를 간절히 기도합니다. 이 치료가 암세포만을 위한 심판의 불이 되게 하옵소서. 예수 그리스도의 이름으로 명하노니, 고주파의 모든 에너지는 성령의 정밀한 불이 되어, 암세포의 핵에 정확히 침투할지어다! 악성 종양은 그 열 앞에 촛농처럼

녹아내리고 사멸될지어다! 암세포를 덮고 있던 모든 방어막과 저항 기전은 완전히 파괴될지어다! 또한 이 치료를 통하여, 암세포는 투여되는 다른 항암 약물 앞에 완전히 무력화될지어다! 주변의 선한 조직은 주님의 보호막 아래 완벽히 안전할지어다! 주님께서 이 과정을 통하여, 암을 완전히 멸하시고, 제 몸에 완전한 회복과 새 생명을 허락하실 것을 믿습니다. 예수 그리스도의 이름으로 치유기도 드립니다. 아멘.

-항암 비타민치료 치유기도

생명의 근원이신 주님,
이 시간, 고농도 생명의 비타민 위에, 주님의 놀라운 권능을 부어 주옵소서. 이 미세한 입자들이 치유의 군대가 되게 하옵소서. 예수 그리스도의 이름으로 명하노니, 주사되는 모든 비타민 C는 정확한 표적을 향해 움직일지어다! 암세포 안에서는 심판의 과산화수소로 변하여 독성 유발을 명령하노라! 암의 모든 방어벽은 무너지고 사멸될지어다! 주변의 선한 세포는 항산화의 축복을 받아 더욱 강건해질지어다! 이 치료가 가장 강력한 보조 무기가 되어 온전한 치유를 이룰 것을 믿습니다. 예수님의 이름으로 치유기도 드립니다. 아멘.

-항암 수액치료 치유기도

은혜의 강물이신 주님,
잦은 항암 주사로 제 몸이 너무나 지쳐 있고, 이제는 주삿바늘을 어디에다 꽂아야 할지 찾기도 힘드오니, 저를 부디 불쌍히 여겨 주옵소서. 하여, 이 시간, 치유와 회복을 위해 맞는 이 수액 위에, 주님의 능력을 부어주옵소서. 이 수액이 제 육체의 모든 결핍을 채우는 하늘의 만나가 되게 하옵소서. 예수 그리스도의 이름으로 명하노니, 정맥을 타고 흐르는 모든 수액은 막힘없이 순환할지어다! 모든 혈관의 좁아짐은 지금 즉시 넓어지고, 수액의 성분이 완벽히 흡수될지어다! 이 수액을 통하여, 내 몸의 신장 수치가 정상화될지어다! 수액 안에 담긴 모든 약물과 영양분이 내 몸에 온전히 공급되어, 암을 멸하고 육체를 강건하게 할지어다! 탈수와 피로, 부족함은 물러가고, 생명의 충만함이 임할지어다! 살아 계신 예수 그리스도의 이름으로 치유기도 드립니다. 아멘.

-항암 기도치료 치유기도

영육 간에 모든 고통을 아시는 주님,
이 시간, 기도의 보좌를 향해 나아갑니다. 제 모든 한숨과 눈물을 주님께 올려드리오니, 제 기도를 주님의 능력으로 가득 채워 주옵소서. 예수 그리스도의 이름으로 명하노니, 내 입술에서 나오는 모든 기도의 말은 치유의 씨앗이 될지어다! 공중에 있는 질병의 영은, 예수의 이름 앞에 묶여, 떠나갈지어다! 내 기도가 하늘 문을 열고, 주님의 놀라운 기적을 일으키는, 능력의 통로가 될 것을 선포하노라! 예수 그리스도의 이름으로 치유기도 드립니다. 아멘.

-항암 묵상치료 치유기도

마음의 평강을 주시는 주님,
이 시간, 주님의 말씀을 깊이 묵상하오니, 내 모든 근심과 불안은 주님의 임재 앞에 소멸될지어다! 예수 그리스도의 이름으로 명하노니, 내 혼과 내 영을 묶고 있는 두려움과 염려의 생각은 끊어질지어다! 묵상하는 말씀의 빛이 내 세포 하나하나에 임하여, 어둠의 암세포는 그 빛을 이기지 못하고 사라질지어다! 오직 묵상의 능력만이 제 마음과 육체를 온전히 다스릴 것을 믿습니다. 예수 그리스도의 이름으로 치유기도 드립니다. 아멘.

-항암 예배치료, 찬송치료, 찬양치료 치유기도

영광의 보좌에 좌정하신 주님,
주님께서는 로마서 15장 13절에, "소망의 하나님이 모든 기쁨과 평강을 믿음 안에서 너희에게 충만하게 하사 성령의 능력으로 소망이 넘치게 하시기를 원하노라"라고 말씀하셨지요? 그 말씀에 근거하여, 이 시간, 제 몸을 거룩한 산 제사로 올려드리니, 제 영혼이 주님을 찬송할 때, 하늘 문이 열리고, 치유의 영광이 임하게 하옵소서. 예수 그리스도의 이름으로 명하노니, 예배 가운데서, 하나님의 권능이, 내 육체에 충만하게 흘러들어올지어다! 찬송의 멜로디와 찬양의 고백은 견고한 질병의 진을 파하는 강력한 무기가 될지어다! 제 찬송은 주님의 보좌에 상달되고, 제 예배는 치유의 응답을 가져올 것을 믿습니다. 예수님의 이름으로 치유기도 드립니다. 아멘.

-항암 성경치료, 설교치료, 성경공부치료 치유기도

말씀으로 세상을 창조하신 주님,
주님께서는 시편 107편 20절에, "그가 그의 말씀을 보내어 그들을 고치시고 위험한 지경에서 건지시는도다"라고 말씀하셨지요? 그 말씀에 근거하여, 이 시간, 제가 읽는 성경 말씀과 제가 듣는 설교 말씀과 제가 하는 성경공부 말씀 위에, 주님의 놀라운 계시와 치유의 기름 부으심이 강하게 임하게 하옵소서. 예수 그리스도의 이름으로 명하노니, 모든 성경 말씀의 권세가 내 영혼과 육체에 깊이 새겨질지어다! 부정적인 생각의 구조는 성경 말씀의 망치 앞에 깨지고 부서질지어다! 이 성경 지식이 머리에만 머무르지 않고, 생명의 영으로 역사하여, 내 삶의 모든 영역에, 새로운 치유의 길이 열릴 것을 선포하노라! 예수 그리스도의 이름으로 치유기도 드립니다. 아멘.

-*항암 신앙치료, 영성치료 치유기도*

영혼의 빛이 되시는 주님,
이 시간, 흔들리는 제 신앙을 주님의 반석 위에 굳건히 세워주옵소서. 오직 주님만을 신뢰하는 영성을 회복하게 하옵소서. 예수 그리스도의 이름으로 명하노니, 모든 의심의 영은 나의 마음에서 묶여 사라질지어다! 내 영혼이 오직 주님께 온전히 연결되어, 영적 충만함이 내 육체의 모든 고통을 이겨낼 힘이 될지어다! 제 신앙은 불가능을 가능케 하는 믿음의 도구가 될 것을 믿습니다. 살아 계신 예수 그리스도의 이름으로 치유기도 드립니다. 아멘.

-*항암 목회상담, 심리상담, 정신분석 치유기도*

마음의 치유자이신 하나님,
이 시간, 상담을 통하여, 제 모든 상처와 아픔을 내려놓습니다. 제 마음을 감찰하시어, 치유의 계획을 펼쳐주옵소서. 예수 그리스도의 이름으로 명하노니, 내 마음속에 숨겨진 모든 쓴 뿌리와 상처는 주님의 빛 앞에 드러날지어다! 그 상처를 통하여 역사하던 질병의 권세는 끊어질지어다! 상담을 통하여 얻는 모든 통찰은 영적 자유로 이어지고, 제 육체는 그 자유함 안에서 완전한 회복을 경험할 것을 믿습니다. 예수 그리스도의 이름으로 치유기도 드립니다. 아멘.

-항암 신앙고전치료, 영성필독서치료 치유기도

지혜의 근원이신 주님,
수천 년 역사를 통하여 증명된 신앙 고전과 영성 필독서가 여기 있습니다. 이 안에 담긴 주님의 깊은 지혜가, 제 영혼과 육체에 흘러들기를 간구합니다. 이 모든 글이 활력 있는 생명의 영이 되게 하옵소서. 예수 그리스도의 이름으로 명하노니, 신앙 고전에서 얻은 영원한 진리는 내 마음과 생각을 묶는 세상의 모든 헛된 지식을 파괴할지어다! 영성지도자의 지혜가 내 영혼 깊은 곳을 꿰뚫어, 질병의 어두운 뿌리를 드러내고 뽑아낼지어다! 내 혼은 거룩한 영성의 빛으로 가득 차서, 세상적인 근심과 불안을 완전히 넘어설지어다! 주님의 거룩한 지혜가 제 온 영육을 통치하여, 전인적인 회복을 완성할 것을 믿습니다. 예수 그리스도의 이름으로 치유기도 드립니다. 아멘.

〈살전 5:23, 개역개정〉 "평강의 하나님이 친히 너희를 온전히 거룩하게 하시고 또 너희의 온 영과 혼과 몸이 우리 주 예수 그리스도께서 강림하실 때에 흠 없게 보전되기를 원하노라"

항암 치유기도

-항암 표준치료(Standard Chemotherapy) 치유기도

온전케 하시는 주님,
지금 투여되는 이 항암 약물이 정결케 하는 불의 강물이 되어, 온 몸의 혈관을 따라 흐르게 하옵소서. 예수 그리스도의 이름으로 명하노니, 이 치유의 불은 악성 암세포만을 가려 태울지어다! 암의 모든 뿌리는 흔적도 없이 사멸될지어다! 주님의 능력으로 말미암아, 선한 세포와 조직은 단 하나의 손상도 입지 않고, 완벽히 보호받을지어다! 살아 계신 예수 그리스도의 이름으로 치유기도 드립니다. 아멘.

-세포독성주사(Cytotoxic Injection) 치유기도

능력의 파수꾼이신 하나님,
피부 속으로 들어오는 이 주사액 위에, 주님의 명령을 부어 주옵소서. 이 주사액이 빛으로 무장한 정예 군대가 되어, 몸 안에 진입하게 하옵소서. 예수 그리스도의 이름으로 명하노니, 이 세포독성 주사액은 오직 암의 진영만을 식별할지어다! 모든 악의 적들만 섬멸하고, 선한 조직은 한 치의 손상도 입지 않을지어다! 주님의 완전한 통치 아래, 주사액의 모든 독성이 오직 치유의 능력으로만 역사할 것을 믿습니다. 예수 그리스도의 이름으로 치유기도 드립니다. 아멘.

- 표적치료제(Targeted Therapy) 치유기도

지혜의 근원이신 하나님,
인간의 지혜로 찾아낸 이 정밀한 표적치료제 위에, 하나님의 기적을 더하여 주옵소서. 예수 그리스도의 이름으로 명하노니, 이 표적치료제가 암의 생존 코드에 정확히 결합할지어다! 잘못된 성장의 모든 신호는 즉시 차단될지어다! 암세포의 증식은 멈추고, 그 생명의 불이 꺼질지어다! 오직 주님께서 지정하신 치유의 임무만을 완수하고, 온몸이 평안과 회복의 길을 걸을 것을 믿습니다. 예수님의 이름으로 치유기도 드립니다. 아멘.

- 면역치료제(Immunotherapy) 치유기도

생명의 호흡이신 하나님,
이 면역치료제를 통하여, 잠자던 내면의 파수꾼인 면역세포를 깨워주옵소서. 주님의 거룩한 능력으로, 면역의 성벽이 더욱 견고하게 세워지게 하옵소서. 예수 그리스도의 이름으로 명하노니, 질병의 사슬에 묶였던 면역세포는 온전히 자유케 될지어다! 암세포의 모든 위장과 기만은 벗겨지고, 즉시 식별될지어다! 주님의 능력으로 무장한 면역 군대가, 몸 안의 모든 잔존 암세포를 완전히 섬멸할지어다! 살아 계신 예수 그리스도의 이름으로 치유기도 드립니다. 아멘.

- 방사선(Radiation) 치유기도

강력한 불이신 하나님,

하늘로부터 내려오는 치료의 광선이 이 방사선 치료 위에 임하게 하옵소서. 예수 그리스도의 이름으로 명하노니, 방사선의 빔은 악성 병소에만 정확히 집중될지어다! 암세포는 불꽃처럼 재가 되어 증발할지어다! 주변의 모든 선한 조직과 장기는 완벽하게 보존될지어다! 모든 후유증과 합병증은 사라지고, 오직 주님의 능력만이 이 치료 과정을 통하여, 영광을 취하실 것을 믿습니다. 예수 그리스도의 이름으로 치유기도 드립니다. 아멘.

-감마나이프(Gamma Knife) 치유기도

정밀한 치유의 설계자이신 하나님,
이 시간, 수많은 빛이 한 점으로 모여 역사하는 감마나이프 치료 위에, 주님의 완벽한 권능을 부어 주옵소서. 주님의 지혜가 담긴 이 치료법이 오차 없는 기적을 일으키게 하옵소서. 예수 그리스도의 이름으로 명하노니, 200여 개 모든 빛의 통로들은 오직 악성 병소에만 집중될지어다! 병소는 주님의 에너지 앞에 남김없이 사멸될지어다! 주변의 모든 정상적인 뇌 조직과 신경 세포는, 단 하나의 손상도 없이, 완벽히 보호받을지어다! 모든 후유증과 합병증은 사라지고, 제 영혼의 모든 기능이 온전하게 회복되어, 주님의 영광을 드러낼 것을 믿습니다. 예수님의 이름으로 치유기도 드립니다. 아멘.

-양성자(Proton) 치유기도

정밀한 지혜의 하나님,
이 시간, 빛의 화살과 같은 양성자 치료가 제 몸에 임하게 하옵소서. 주님의 온전한 설계로 이 최첨단 기법을 사용하사, 기적을 행하옵소서. 예수 그리스도의 이름으로 명하노니, 양성자 빔은 악성 병소에만 정확히 도달할지어다! 가장 깊은 암의 뿌리에서 치유의 에너지를 폭발시킬지어다! 주변의 모든 선한 세포와 조직은, 털끝 하나 손상되지 않고 보존될지어다! 주님의 완벽한 정밀함으로 온전히 치유하실 것을 믿습니다. 예수 그리스도의 이름으로 치유기도 드립니다. 아멘.

-중입자(Heavy Ion) 치유기도

최후의 권능을 가지신 하나님,
이 시간, 인간의 지혜로서는 현재 궁극의 치유 도구인 이 중입자 치료 위에, 주님의 놀라운 능력을 부어주옵소서. 예수 그리스도의 이름으로 명하노니, 중입자 빔은 암의 요새를 정확히 조준할지어다! 가장 깊고 단단한 암세포의 핵은 남김없이 붕괴될지어다! 어떤 저항도, 어떤 잔해도 없이, 완전히 사멸될지어다! 이 입자들이 암세포에는 심판의 불꽃이 되고, 선한 조직에는 축복의 빛이 될지어다! 치료 후 몸의 모든 기능이 온전히 회복되고, 주님의 완벽한 창조 질서를 되찾게 하실 것을 믿습니다. 살아 계신 예수 그리스도의 이름으로 치유기도 드립니다. 아멘.

-면역관문억제제(Immune Checkpoint Inhibitors) 치유기도

자유와 권능의 하나님,
이 시간, 암세포의 속임수에 넘어가 잠들어 버린, 면역의 파수꾼을 깨우기 위해 간구합니다. 예수 그리스도의 이름으로 명하노니,

암세포가 드리운 모든 회피의 장막은 찢어질지어다! 면역세포에 걸린 모든 브레이크는 풀릴지어다! 잠자던 T세포는 분노하며 깨어나, 맹렬하게 암을 공격할지어다! 하나님께서 주신 본래의 방어력이 온전히 회복될 것을 믿습니다. 예수님의 이름으로 치유기도 드립니다. 아멘.

-CAR-T(Chimeric Antigen Receptor T-cell) 치유기도

살아 계신 치유의 주님,
몸 밖에서 훈련되어 다시 돌아오는 이 생명을 품은 군대 위에, 주님의 지혜와 완벽한 공격력을 더하여 주옵소서. 예수 그리스도의 이름으로 명하노니, 지능적인 치유 용사인 CAR-T 세포는 암의 표적을 정확히 인식할지어다! 이 세포의 칼날 앞에, 모든 암세포는 남김없이 굴복할지어다! 완벽한 섬멸의 임무를 완수하고, 이 몸을 주님의 능력으로, 완전히 되찾아 주실 것을 믿습니다. 예수 그리스도의 이름으로 치유기도 드립니다. 아멘.

-항체약물접합체(ADCs) 치유기도

정밀한 지혜의 근원이신 하나님,
이 유도된 치유의 화살과 같은 약물이, 제 몸 안에서 오차 없이 역사하게 하옵소서. 예수 그리스도의 이름으로 명하노니, 항암제는 암의 표적에만 정확히 도킹할지어다! 주변의 선한 세포는 가장 높은 보호를 받을지어다! 오직 암세포 안에서만 독성이 폭발적으로 방출되어, 질병의 뿌리가 선택적으로 사멸될지어다! 주님의 완벽하신 정밀 유도탄 미사일로, 암만 기적적으로 사라질지어

다! 제 몸은, 주님의 몸처럼, 가장 최상의 상태로, 가장 완전하게 치유될 것을 믿습니다. 살아 계신 예수 그리스도의 이름으로 치유기도 드립니다. 아멘.

-TIL(Tumor-Infiltrating Lymphocyte) 치유기도

숨겨진 능력을 드러내시는 주님,
종양 속에서 가장 치열하게 싸우던 용사들을 주님께서 불러내셨습니다. 이 치유의 증폭 과정 위에, 성령의 불, 성령의 불, 성령의 불을 뿜어주옵소서. 예수 그리스도의 이름으로 명하노니, 종양을 아는 가장 지혜로운 면역세포는 천만 배의 능력을 얻어, 다시 몸으로 들어갈지어다! 가장 깊은 곳, 저 보이지 않는 곳에 숨겨진 암의 뿌리까지 찾아내어, 완벽하게 파괴하고 무너뜨릴지어다! 제 몸의 모든 방어 체계가 승리할 것을 믿습니다. 살아 계신 예수 그리스도의 이름으로 치유기도 드립니다. 아멘.

-임상신약(Clinical Trial Drug) 치유기도

새 일을 행하시는 기적의 주님,
여기, 아직 세상이 알지 못하는 새로운 희망의 약물을 먹기 전, 주님 앞에 간구합니다. 이 신약은 인간의 지혜와 믿음을 통하여, 주님께서 허락하신 기적의 약입니다. 주님께서 이 미지의 영역을 통하여, 전례 없는 기적을 나타내실 것을 선포합니다. 주님께서는 주님의 말씀을 보내어 고치시는 분, 현대의 첨단 치료법인 이 임상신약 또한 주님의 말씀을 성취하는 도구임을 선포합니다. 예수 그리스도의 이름으로 명하노니, 이 신약의 능력은 질병의 모든 역

사를 뒤집을지어다! 인간의 한계를 뛰어넘어, 주님의 영광을 드러낼지어다! 이 약물 안에 잠재된 모든 부작용과 위험의 사슬은 끊어지고, 오직 치유만이 창조될지어다! 주님의 은혜로, 이번 임상시험 과정이 완벽히 성공할지어다! 임상시험을 제안하신 주치의 선생님과 임상간호사님에게도 기도하는 마음을 주옵소서. 그분들도 하나님을 아는 지혜와, 최상의 약을 꿰뚫어 볼 수 있는 분별의 영성을 허락하여 주옵소서. 제 영혼이 주님께서 살아 계시다는 증거가 되어, 새로운 희망을 세상에 간증하게 하실 것을 믿습니다. 살아 계신 주 예수 그리스도의 이름으로 치유기도 드립니다. 아멘.

-최첨단 치료기법 치유기도

미지의 기적을 행하시는 하나님,
인간의 지혜를 넘어선 이 최첨단 치료기법 위에, 하늘의 놀라운 권능을 부어 주옵소서. 이것이 주님의 지혜가 담긴 치유의 도구임을 믿습니다. 예수 그리스도의 이름으로 명하노니, 이 치료법의 모든 과정은 완벽하게 성공할지어다! 미처 알지 못했던 모든 암세포까지 일망타진될지어다! 인간의 기대를 넘어서는 전례 없는 회복이 나타나, 제 영혼이 주님께서 과연 살아 계신다는 기적의 증거가 될 것을 믿습니다. 살아 계신 예수 그리스도의 이름으로 치유기도 드립니다. 아멘.

<시 107:20, 개역개정> "그가 그의 말씀을 보내어 그들을 고치시고 위험한 지경에서 건지시는도다"

향후 어떻게 할 것인가를 주님께 아뢰는 치유기도

주님,
완벽하게 고쳐주시면 좋겠는데, 왜 저는 완치가 되지 않을까요?

주님, 불평보다는 성찰을 하게 하시니 감사합니다. 예수 그리스도의 대속으로 제 영은 죄 사함을 받았지만, 제 혼과 육은 살아가는 동안, 상처와 쓴 뿌리와 왜곡된 믿음과 악한 영의 공격으로, 죄와 불법 가운데 있음을 꿰뚫어 보게 하시니 감사합니다.

주님, 뜻이 하늘에서 이루어진 것 같이, 이 땅에서도 이루어지게 하옵소서. 하나님의 영광 가운데, 믿음으로, 주님의 말씀을 통하여, 제 마음과 육체를 계속 새롭게 하여 주옵소서. 악한 영과 마귀의 공격을 물리쳐 주옵소서.

주님, 제 질병의 근원과 뿌리를 제대로 파악하게 하옵소서. 제 마음의 문제를 알게 하시고, 회개하게 하옵소서. 그래서 제 문제가 자연스럽게 치유되게 하옵소서. 제 지식의 한계를 뛰어넘으신 하나님의 섭리를 알게 하옵소서.

주님, 완치의 단계를 지금도 하나씩 하나씩 밟아가게 하시니 감사합니다. 조급해하지 않게 하옵소서. 포기하지 않게 하옵소서. 하나님이 찍지 않으신 마침표를 제가 먼저 찍지 않게 하옵소서.

주님, 재발과 전이와 내성은 방심하지도 낙심하지도 않게 하옵소서. 사탄에게 빌미를 주는 부정적인 언어는 절대로 내뱉지 않게 하옵소서. 확신을 가지고 소명의 길을 가게 하옵소서.

주님, 신성한 강건함을 누리게 하옵소서. 그러기 위해서 자아정체성을 새롭게 허락하옵소서. 그리스도 안에서, 새로운 피조물인 나를 의식하고, 아버지의 사랑으로, 모든 것을 견고한 믿음을 가지고 바라보게 하옵소서.

주님, 머리에서 가슴으로, 마음에서 영혼으로, 세상에서 하나님 나라로, 제 삶을 이동시키게 하옵소서. 임재 의식, 그리스도 의식, 성전 의식을 갖게 하옵소서.

주님, 향후 어떻게 할 것인가, 그 모든 것을 주님께 맡겨드립니다. 강력하게 일하시옵소서. 세계적인 간증이 되게 하옵소서. 예수님 이름으로 치유기도 드립니다. 아멘.

〈사 38:5, 개역개정〉 "너는 가서 히스기야에게 이르기를 네 조상 다윗의 하나님 여호와께서 이같이 말씀하시기를 내가 네 기도를 들었고 네 눈물을 보았노라 내가 네 수한에 십오 년을 더하고"

혈관, 혈류, 혈압, 고혈압, 저혈압 치유기도

생명의 강물을 술술 흐르게 하시는 하나님,
제 마음과 몸의 가장 깊은 곳에서 주님의 이름을 찬양합니다. 지금 저는 제 몸의 생명줄인 혈관에 드리워진 그림자 때문에 주님 앞에 섭니다. 생명의 강물이 격랑처럼 날뛰는 고혈압의 위험, 흐름을 잃고 침묵해 버린 저혈압의 무기력, 그리고 좁아지고 굳어져 버린 혈관의 고통을 주님께 내려놓습니다. 주 예수 그리스도께서 흘리신 보혈의 능력으로 선포합니다. 제 혈관에 자리 잡은 모든 막힘과 굳어짐은 완전히 사라질지어다! 생명의 강물을 방해하는 모든 어둠과 혼란은 완전히 소멸될지어다! 격랑처럼 날뛰던 혈압의 수치는 주님의 보혈 아래 온전한 평정을 되찾을지어다! 힘을 잃었던 혈류는 다시 힘차게 흐르며, 온몸에 생명력을 전할지어다! 성령의 능력으로, 제 몸의 모든 혈관은 태초의 건강하고 유연한 상태로 지금 즉시 회복될지어다! 혈액은 맑고 깨끗해져, 온몸 구석구석을 자유롭게 흐를지어다! 심장은 강하고 온전하게 뛰며, 생명의 박동을 이어갈지어다! 제 회복된 건강과 평안이 주님의 살아 계심을 간증하는 아름다운 노래가 되게 하옵소서. 예수 그리스도의 이름으로 치유기도 드립니다. 아멘.

〈히 9:14, 개역개정〉 "하물며 영원하신 성령으로 말미암아 흠 없는 자기를 하나님께 드린 그리스도의 피가 어찌 너희 양심을 죽은 행실에서 깨끗하게 하고 살아 계신 하나님을 섬기게 하지 못하겠느냐"

호스피스, 완화치료 치유기도

영원한 안식처가 되신 주님,
이 시간, 고통과 평안의 기로에 서 있는 사랑하는 _____의 영혼 위에, 주님의 완전한 평강과 위로를 부어주시기를 간구합니다. 예수 그리스도의 이름으로 명하노니, _____의 영혼을 묶고 있는 고통의 사슬과 육체의 통증은, 지금 즉시 끊어지고 소멸될지어다! 호흡의 어려움과 구토와 무력감은 사라지고, 주님께서 주시는 완전한 안식이 육체의 모든 세포를 감쌀지어다! _____의 영혼을 괴롭히는 죽음에 대한 모든 두려움과 남겨진 것에 대한 염려는 완전히 끊어질지어다! 주님께서 부어 주시는 위로의 기름이 _____의 영혼을 채워, 천국의 소망으로 가득 찬 평강의 잠을 허락하실지어다! 이 모든 과정이, 주님의 주권 아래, 가장 아름답고 평화로운 영광의 통로가 될 것을 믿고 선포합니다. 예수님의 이름으로 치유기도 드립니다. 아멘.

〈요 14:27, 개역개정〉 "평안을 너희에게 끼치노니 곧 나의 평안을 너희에게 주노라 내가 너희에게 주는 것은 세상이 주는 것과 같지 아니하니라 너희는 마음에 근심하지도 말고 두려워하지도 말라"

환자를 돌보는 사람들을 위하여 드리는 치유기도

주님,
온갖 병을 치유하시고
선을 행하시느라
동분서주하셨던 예수 그리스도시여!
주님을 위해 봉사하고 있는 모든 종들,
의사와 간호사들에게 힘과 지혜와 친절을 부어 주옵소서.
그들 안에 언제나 주님이 임하시기를 간구합니다.
그들이 환자를 치료해 줄 뿐만 아니라,
축복까지 해주기를 간구합니다.
비탄과 두려움으로 가득 찬 어둡고도 어두운 시간에,
희망의 불빛을 비춰줄 수 있게 하옵소서.
그들이 성부와 성령과 함께 살고,
영원한 하나님의 세계를 함께 통치하게 하옵소서.
예수님의 이름으로 치유기도 드립니다. 아멘.

〈마 10:1, 개역개정〉 "예수께서 그의 열두 제자를 부르사 더러운 귀신을 쫓아내며 모든 병과 모든 약한 것을 고치는 권능을 주시니라"

환자를 치료할 때 드리는 치유기도

하나님,
하나님께서는 저에게 하나님께서 지으신 피조물들의 생명과 건강을 보살피라고 명하셨습니다. 이것이 하나님의 영원하신 섭리이심을 고백합니다. 제 의술에 대한 사랑이 언제나 저를 움직이게 하옵소서. 탐욕이나, 욕심이나, 영광에 대한 갈증이나, 커다란 명성이, 제 마음을 차지하지 못하게 하옵소서. 제가 환자를 볼 때마다, 고통당하고 있는 동료로 여기게 하옵소서. 저에게 힘과 시간과 기회를 주셔서, 항상 제가 습득한 것들을 교정할 수 있게 하시고, 항상 그 영역을 넓혀갈 수 있게 하옵소서. 지식은 끝이 없으며, 인간의 영혼은 필요할 때마다, 언제나 무한하게 확대될 수 있기 때문입니다. 하나님, 하나님께서는 저에게 하나님께서 지으신 피조물들의 삶과 죽음을 지켜보라고 명하셨습니다. 여기, 제가 있습니다. 저를 사용하여 주옵소서. 예수님의 이름으로 치유기도 드립니다. 아멘.

〈사 57:19, 개역개정〉 "입술의 열매를 창조하는 자 여호와가 말하노라 먼 데 있는 자에게든지 가까운 데 있는 자에게든지 평강이 있을지어다 평강이 있을지어다 내가 그를 고치리라 하셨느니라"

황반변성 치유기도

온 세상의 빛이신 주님,
황반변성으로 눈이 어두워지고 있는 저를 주님의 자비로운 빛 가운데 올려드립니다. 눈은 세상을 보는 중요한 통로인데, 이 질병으로 시력을 잃을지도 모른다는 두려움과 절망이 이 영혼을 짓누르고 있습니다. 주님, 치유하시는 능력으로, 제 눈에 있는 황반을 만져 주옵소서. 손상된 황반 세포가 기적적으로 회복되게 하시고, 시력이 더 이상 나빠지지 않도록 지켜 주옵소서. 모든 염증과 변형된 조직이 정상으로 돌아오게 하시고, 선명한 시력을 회복시켜 주옵소서. 주님, 육체의 눈이 약해질지라도, 영혼의 눈을 밝혀 주옵소서. 이 모든 어려움을 통하여, 주님의 더 깊은 사랑과 은혜를 깨닫게 하옵소서. 예수님의 이름으로 치유기도 드립니다. 아멘.

〈요 8:12, 개역개정〉 "예수께서 또 말씀하여 이르시되 나는 세상의 빛이니 나를 따르는 자는 어둠에 다니지 아니하고 생명의 빛을 얻으리라"

:: My Prayer

아픈 곳마다
주님의 손이 닿게 하시고,
눈물 흘리는 곳마다
주님의 은혜가 스며들게
하옵소서